합격선언

부사관

영어

Preface

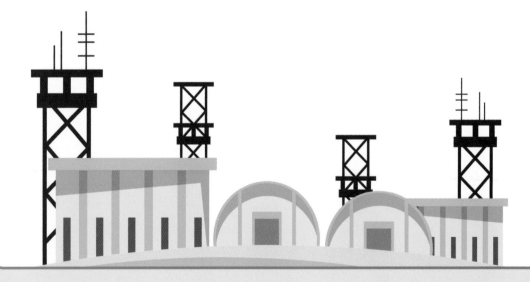

군의 중추역할을 하는 부사관은 스스로 명예심을 추구하여 빛남으로 자긍심을 갖게 되고, 사회적인 인간으로서 지켜야 할 도리를 지각하면서 행동할 수 있어야 하며, 개인보다는 상대를 배려할 줄 아는 공동체 의식을 견지하며 매사 올바른 사고와 판단으로 건설적인 제안을 함으로써 내가 속한 부대와 군에 기여하는 전문성을 겸비한 인재들이다. 또한 부사관은 국가공무원으로서 안정된 직장, 군 경력과 목돈 마련, 자기발전의 기회 제공, 전문분야에서의 근무가능, 다양한 혜택 등으로 해마다 그 경쟁은 치열해지고 있으며 수험생들에게는 선발전형에 대한 철저한 분석과 꾸준한 자기관리가 요구되고 있다.

이에 본서는 시험유형과 출제기준을 철저히 분석하여 핵심이론을 정리하였으며 기출유형문제를 분석하여 시험대비 실력을 높일 수 있는 출제예상문제를 수록하였다.

"진정한 노력은 결코 배반하지 않는다."
본서는 수험생 여러분의 목표를 이루는 데 든든한 동반자가 되리라 믿는다.

Structure

1

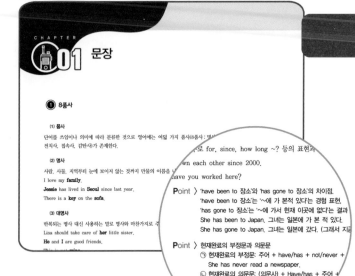

CHAPTER
01 문장

① 8품사

(1) 품사

단어를 쓰임이나 의미에 따라 분류한 것으로 영어에는 여덟 가지 품사(8품사: 명사, ... , 전치사, 접속사, 감탄사)가 존재한다.

(2) 명사

사람, 사물, 지역부터 눈에 보이지 않는 것까지 만물의 이름을 ...
I love my **family**.
Jessie has lived in **Seoul** since last year.
There is a **key** on the **sofa**.

(3) 대명사

반복되는 명사 대신 사용하는 말로 명사와 마찬가지로 주 ...
Lisa should take care of **her** little sister.
He and I are good friends.

... 로 for, since, how long ~? 등의 표현과 ...
... wn each other since 2000.
... have you worked here?

Point 〉 'have been to 장소'와 'has gone to 장소'의 차이점.
'have been to 장소'는 '~에 가 본 적이 있다'는 경험 표현,
'has gone to 장소'는 '~에 가서 현재 이곳에 없다'는 결과 ...
She has been to Japan. 그녀는 일본에 가 본 적이 있다.
She has gone to Japan. 그녀는 일본에 갔다. (그래서 지금 ...

Point 〉 현재완료의 부정문과 의문문
㉠ 현재완료의 부정: 주어 + have/has + not/never + ...
She has never read a newspaper.
㉡ 현재완료의 의문문: (의문사) + Have/has + 주어 + ...
Have you ever been to Alice's house?

핵심이론정리

기출문제와 관련된 핵심내용을 어휘·문법·독해로 분류하여 자세한 이론을 수록함으로써 수험생의 이해를 도울 수 있도록 구성하였습니다. 헷갈리기 쉬운 내용을 포인트로 정리하여 한눈에 파악이 가능합니다.

2

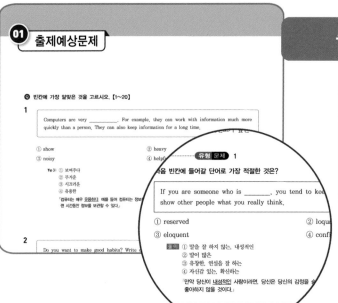

01 출제예상문제

❶ 빈칸에 가장 알맞은 것을 고르시오. 【1~20】

1

Computers are very _____. For example, they can work with information much more quickly than a person. They can also keep information for a long time. ...

① show
② heavy
③ noisy
④ helpf ...

To ⫸ ① 보여주다
② 무거운
③ 시끄러운
④ 유용한
「컴퓨터는 매우 유용하다. 예를 들어 컴퓨터는 정보 ...
... 앤 시간동안 정보를 보관할 수 있다.」

2

Do you want to make good habits? Write ...

········· **유형** 문제 1

... 음 빈칸에 들어갈 단어로 가장 적절한 것은?

If you are someone who is _____, you tend to kee ...
show other people what you really think.

① reserved
② loqu ...
③ eloquent
④ conf ...

풀이 ① 말을 잘 하지 않는, 내성적인
② 말이 많은
③ 유창한, 연설을 잘 하는
④ 자신감 있는, 확신하는
「만약 당신이 내성적인 사람이라면, 당신은 당신의 감정을 ...
좋아하지 않을 것이다.」

출제예상문제

출제 가능성이 높은 예상문제를 통해 문제 유형을 익히고 학습할 수 있도록 하였습니다. 매 문제 꼼꼼한 해설로 학습의 능률을 높입니다.

Contents

Information

✔ **부사관의 혜택과 전망**

① 서류전형과 필기시험, 체력검정, 면접 등을 통해 취업이 가능하고, 확실하고 안정된 평생직장이 보장된다.

② 전문대, 대학, 대학원 등의 교육기회를 제공하고 다양한 기술분야에서 자격취득의 기회를 제공함으로써 자기발전의 기회를 부여한다.

③ 부사관 편제직위를 기술 전문직으로 보강함에 따라 다양한 전문분야에서 업무를 수행할 수 있다.

④ 독신자 숙소, 군 관사, 아파트 제공 및 군인공제회의 특별분양, 임대주택 공급량 확대 등 다양한 혜택의 보급으로 실질임금으로 높이고 내집 마련의 꿈도 한층 앞당길 수 있다.

✔ **지원자격**

대한민국 국적을 가진 자로 사상이 건전하고, 품행이 단정하며, 체력이 건강한 자 중 다음 사항에 해당하는 자

　㉠ 군인사법 제10조 제2항(임용 결격사유)에 저촉되지 아니한 자

　㉡ **연령** : 임관일 기준 만 18세 ~ 27세까지의 남자 및 여자

　　단, 예비역의 경우 현역으로 복무한 기간에 따라 만 30세까지 지원 가능

　　• 2년 이상 복무 후 전역한 제대군인 : 만 30세까지

　　• 1년 이상 ~ 2년 미만 복무 후 전역한 제대군인 : 만 29세까지

　　• 1년 미만 복무 후 전역한 제대군인 : 만 28세까지

　㉢ **학력** : 고등학교 졸업자 및 이와 동등 이상의 학력 소지자

　　※ 단, 중학교 졸업자는 '국가기술자격법에 의한 자격증 소지자만 지원가능

　㉣ **현역병의 지원자격**

　　• 해군부사관 : 입영 날짜 기준 5개월 이상 복무 중인 일병~병장으로 소속 부대장의 추천을 받은 자

　　• 공군부사관 : 입영전형 시작일 전 기준 현역병으로서 일병 이상, 5개월 이상 복무 중인 사람으로 소속부대장의 추천을 받은 자

✔ **해군부사관 필기시험**

평가 항목	계	KIDA 간부선발도구							영어	국사
		소계	언어 논리	자료 해석	지각 속도	공간 능력	상황판단 검사	직무성격 검사		
배점	160	100	35	35	10	10	10	면접참고	30	30

✔ 공군부사관 필기시험

구분	KIDA 간부선발도구								3교시			총계
	1교시					2교시			영어	한국사	소계	
	언어논리	자료해석	공간능력	지각속도	소계	상황판단	직무성격	소계				
배점	30	30	10	10	80	20	면접자료	20	50	50	100	200

✔ 유의사항(필기고사 실격 및 부정행위 사례)

① 부정행위

　㉠ 다른 수험생의 답안지를 보거나 본인의 답안지를 보여주는 행위

　㉡ 대리 시험을 의뢰하거나 대리로 시험에 응시하는 행위

　㉢ 통신기기, 그 밖의 신호 등을 이용하여 해당 시험 내용에 관하여 다른 사람과 의사소통을 하는 행위

　㉣ 부정한 자료를 가지고 있거나 이용하는 행위

　㉤ 병역, 가점, 영어능력검정시험 및 한국사능력검정시험 성적에 관한 사항 등 시험에 관한 증명서류에 거짓 사실을 적거나 그 서류를 위조·변조하여 시험결과에 부당한 영향을 주는 행위

　㉥ 시험문제 전체 또는 일부를 기록, 녹음 등을 통해 유출하는 행위

　㉦ 그 밖에 부정한 수단으로 본인 또는 다른 사람의 시험결과에 영향을 미치는 행위

② 실격사례

　㉠ 시험 시작 전에 시험문제를 열람하는 행위

　㉡ 해당과목 시험시간에 다른 과목 시험을 치는 행위

　㉢ 시험 시작 전 또는 종료 후에 답안을 작성하는 행위

　㉣ 허용되지 아니한 통신기기 또는 전자계산기를 가지고 있는 행위

　㉤ 그 밖에 시험의 공정한 관리에 영향을 미치는 행위로서 시험실시기관의 장이 시험의 정지 또는 무효 처리기준으로 정하여 공고한 행위

✔ 복무기간

임관 후 4년(남·여 동일)

PART

01

어휘

01 빈칸 넣기

이 유형은 문장 전체에 대한 정확한 이해의 선행과 보기로 주어지는 단어들의 뜻을 확실하게 알고 있어야 정답을 찾을 수 있는 문제로 출제빈도가 높은 어휘문제의 유형이다.

유형 문제 1

다음 빈칸에 들어갈 단어로 가장 적절한 것은?

> If you are someone who is _____, you tend to keep your feelings hidden and do not like to show other people what you really think.

① reserved   ② loquacious

③ eloquent   ④ confident

풀이 ① 말을 잘 하지 않는, 내성적인
② 말이 많은
③ 유창한, 연설을 잘 하는
④ 자신감 있는, 확신하는

「만약 당신이 <u>내성적인</u> 사람이라면, 당신은 당신의 감정을 숨기는 경향이 있고 다른 사람들에게 당신의 진심을 드러내는 것을 좋아하지 않을 것이다.」

답 ①

다음 빈칸에 들어갈 단어로 가장 적절한 것은?

Even before he got to the chemist's, he had lost the _____ for the medicine, and had to go back to the doctor to get another one.

① receipt

② prescription

③ remedy

④ recipe

풀이 ① 영수증
② 처방전
③ 치료
④ 조리법

「약국에 도착하기도 전에 그는 약의 <u>처방전</u>을 잃어버렸다. 그래서 그는 또 다른 처방전을 받기 위해 의사에게(병원으로) 돌아가야 했다.」

답 ②

다음 빈칸에 들어갈 단어로 가장 적절한 것은?

_____ are injuries on the body caused by dry heat. Small children are often injured since they often play close to fires and cooking pots and have not yet learned wisdom through experience.

① Burns

② Fractures

③ Heart attacks

④ Insect bites

풀이 ① 화상
② 골절
③ 심장마비
④ 곤충자상(벌레물림)

「<u>화상</u>은 건조한 열로 인해 몸에 입는 부상이다. 어린 아이들은 종종 불이나 요리용 냄비에 가까이 가서 놀고 아직 경험을 통해 지혜를 배우지 못했기 때문에 부상을 당하는 경우가 많다.」

답 ①

Q 빈칸에 가장 알맞은 것을 고르시오. 【1~20】

1

> Computers are very _____. For example, they can work with information much more quickly than a person. They can also keep information for a long time.

① show

② heavy

③ noisy

④ helpful

Tip ≫ ① 보여주다
② 무거운
③ 시끄러운
④ 유용한

「컴퓨터는 매우 <u>유용하다</u>. 예를 들어 컴퓨터는 정보를 가지고 사람보다 훨씬 더 빠르게 일을 할 수 있다. 또한 컴퓨터는 오랜 시간동안 정보를 보관할 수 있다.」

2

> Do you want to make good habits? Write down your bad habits. Then write down the good habits you want to get. Make plans to _____ your bad habits. By replacing a bad habit with a good one, you can live a happier life.

① use

② keep

③ take

④ change

Tip ≫ replace 대체하다, 교체하다, 대신하다

「당신은 좋은 습관들을 만들길 원하는가? 당신의 나쁜 습관들을 적어라. 그 이후에 당신이 갖고자 하는 좋은 습관들을 적어라. 당신의 나쁜 습관들을 <u>변화시킬</u> 계획을 세워라. 나쁜 습관을 좋은 습관으로 교체함으로써 당신은 더욱 행복한 삶을 살 수 있다.」

3

> My patient was brought to the emergency room by his friend because he could no longer catch his breath and had a _____ that would not extinguish.

① caution
② cluster
③ claim
④ cough

Tip 》 breath 숨, 호흡 extinguish (불을) 끄다, 끝내다, 없애다
① 조심, 주의
② (함께 자라거나 나타나는) 무리, (작은 열매의) 송이
③ 주장, (재산 등에 대한) 권리
④ 기침 / have a cough 기침이 나다

「내 환자는 더 이상 숨을 고르지 못하고 잦아들지 않는 <u>기침</u>이 나서 친구에 의해 응급실로 실려 왔다.」

4

> Smallpox was once a common disease, killing most victims and leaving survivors with terrible scars. In 1796, Edward Jenner discovered that exposing people to the milder disease of cowpox prevented them from catching smallpox. He called his technique _____.

① fossilization
② vaccination
③ visualization
④ neutralization

Tip 》 smallpox 천연두 common 공공의, 일반적인 discover 발견하다 expose 노출시키다 prevent 막다
① 화석화, 폐습화
② 백신[예방] 접종, 종두(천연두를 예방하기 위하여 백신을 접종하는 일)
③ 시각화, 구상화
④ 중립화, 무효화

「천연두는 한때 흔히 있는 질병으로, 대부분의 희생자를 죽이고 생존자들에게 끔찍한 흉터를 남겼다. 1796년 에드워드 제너는 사람들을 우두의 더 가벼운 질병에 노출시키는 것이 천연두에 걸리는 것을 막는다는 것을 발견했다. 그는 그의 기술을 종두라고 불렀다.」

Answer 》》 1.④ 2.④ 3.④ 4.②

5

Insa-dong is a place where there used to be many stores dealing with antiques, old books, rare paintings, and so on. Even now, many of those stores are still there, so the whole area looks like _____.

* antique : 골동품

① college

② museum

③ theater

④ restaurant

Tip ≫ deal with 다루다, 관계하다 antique 고대의, 골동품 rare 드문, 희귀한

① 대학 ② 박물관 ③ 극장 ④ 식당

「인사동은 골동품, 낡은 책들, 희귀한 그림 등과 관련된 많은 가게들이 있곤 하던 장소이다. 지금까지도, 그 가게들 중의 많은 곳이 아직 거기에 자리 잡고 있으며, 전 지역이 마치 박물관 같이 보인다.」

6

_____ occurs when the surface of the Earth moves. We feel that the Earth does not move and is safe. But its inner surface moves.

① Earthquake

② Thunder

③ Lightening

④ Typhoon

Tip ≫ occur 일어나다, 생기다 surface 표면 inner 안의, 내부의

① 지진 ② 천둥 ③ 번개 ④ 태풍

「지진은 지구의 표면이 이동할 때 발생한다. 우리는 지구가 움직이지 않고 안전하다고 느낀다. 그러나 그것의 내부표면은 움직인다.」

7

> We all know creativity is important for solving problems, big or small. How can we be creative, then? Let me give you a tip. Try to look at things from different _____. If you take multiple points of view, you have a better chance of finding the solution you've been looking for.

① perspectives   ② activities

③ problems   ④ tips

Tip 》 creativity 창의성   tip (실용적인, 작은) 조언
  ① 관점 ② 활동 ③ 문제 ④ 조언
「우리 모두는 크건 작건 간에 창의성이 문제를 해결하는 데 있어 중요하다는 것을 알고 있다. 그렇다면, 우리는 어떻게 창의적일 수 있을까? 조언을 하나 하겠다. 다른 관점에서 사물을 보도록 노력하라. 여러 관점을 취한다면, 찾고 있던 해결책을 찾을 가능성이 더 높아진다.」

8

> TV is a good _____ for everyone. Some TV programs can teach us how to garden, how to make delicious dishes, and so on.

① teacher   ② student

③ mailman   ④ policeman

Tip 》 delicious 맛있는 and so on 기타 등등
  ① 선생님 ② 학생 ③ 우체부 ④ 경찰
「텔레비전은 모두에게 좋은 선생님이다. 어떤 텔레비전 프로그램은 우리에게 정원을 가꾸는 방법이나 맛있는 음식을 만드는 방법 등을 알려준다.」

Answer 》 5.② 6.① 7.① 8.①

9

Koreans often ask many questions, some of which may even be quite _____. How old are you? Are you married? In America, these are rarely asked.

① private
② polite
③ formal
④ useful

10

I have three sisters and four brothers. There are _____ people in my family, that is, my parents and my brothers and sisters and me.

① seven
② eight
③ nine
④ ten

11

How long can you go without sleeping? Surprisingly, one person was able to stay _____ for 8 days.

① dead
② rude
③ funny
④ awake

Tip 》》 ① 죽은, 생명이 없는
② 버릇없는, 미숙한
③ 익살맞은, 기묘한
④ 깨우다, 자각하다

「당신은 잠을 자지 않고 얼마나 오랫동안 버틸 수 있을까? 놀랍게도 어떤 한 사람은 8일 동안을 계속 깨어있을 수 있었다고 하였다.」

12

> You can send computer files or messages to other people through _____. Lots of people have their own addresses. For example, my address is mrso@fastmail.net.

① prize   ② reason
③ e-mail   ④ health

Tip 》》 lots of 많은(= a lot of)
① 상품 ② 이유 ③ 이메일 ④ 건강

「당신은 컴퓨터 파일이나 메시지를 e-mail을 통해 다른 사람에게 보낼 수 있다. 많은 사람들이 자기 자신만의 주소를 가지고 있다. 예를 들어, 나의 주소는 mrso@fastmail.net이다.」

13

> As we grow old, our bodies change a lot. We lose our hair and our faces become wrinkled. Hearing and sight also get _____ with age.

① sharp   ② better
③ bright   ④ weak

Tip 》》 「나이가 먹을수록 우리의 몸은 많이 변한다. 우리는 머리털이 빠지고 얼굴에는 주름이 생긴다. 청각과 시각은 나이를 먹을수록 약해진다.」

Answer 》》 9.① 10.④ 11.④ 12.③ 13.④

14

You can help take care of the environment. Here are some things you can do. Reduce! Reuse! _____! Materials like plastic can be made into something else easily.

① Reset   ② Recycle
③ Return   ④ Record

Tip 》》 「당신은 환경을 돌보도록 도울 수 있다. 여기 당신이 할 수 있는 몇 가지가 있다. 줄이고! 다시 사용하고! <u>재활용하는</u> 것이 다! 플라스틱 같은 물건은 다른 것으로 쉽게 만들 수 있다.」

15

For most of human history, people thought the world was _____. That is, they thought that if you traveled far enough in one direction, you would eventually come to the end of the world. Then, about two thousand years ago, people started to think that the earth was round.

① flat   ② small
③ remote   ④ beautiful

Tip 》》 「대부분의 인간 역사에서 사람들은 세상이 <u>평평하다고</u> 생각했다. 그들은 한 방향으로 오랫동안 걸어가면 결국 세상의 끝에 다다를 것이라고 생각했다. 그렇지만 2000년 전에 사람들은 지구가 둥글 것이라고 생각하기 시작하였다.」

16

English is the international language. If you want to go abroad, you have to learn English to _____ with other.

① fight   ② escape
③ conflict   ④ communicate

Tip 》》 ① 싸우다, 전투하다 ② 달아나다, 벗어나다
        ③ 충돌하다, 다투다 ④ 의사소통하다, 통신하다
        「영어는 국제적인 언어이다. 당신이 만약 외국에 가야 한다면, 당신은 다른 이들과 <u>의사소통하기</u> 위해 영어를 배워 두어야 한다.」

17

> In a movie, everything seems _____. Humans fly, dinosaurs come to life, and spaceships engage in fights. Wow! You are able to do or see anything you want in a movie.

① moral   ② boring

③ possible   ④ harmful

Tip 》 spaceship 우주선
① 도덕적인, 교훈적인
② 지루한, 따분한
③ 가능한, 있음직한
④ 유해한, 해가되는
「영화 속에서는, 모든 것이 <u>가능하게</u> 보인다. 사람이 하늘을 날고, 공룡들이 되살아나며, 우주선끼리 싸움을 한다. 왜! 당신은 영화 속에서 당신이 원하는 모든 것을 보거나 그렇게 할 수 있다.」

18

> Some people think butter is hard on the stomach. It isn't. Your body _____ butter just as easily as it does margarine.

① digests   ② resists

③ produces   ④ increases

Tip 》 stomach 위, 복부
① 소화하다 ② 저항하다 ③ 생산하다 ④ 증가하다
「어떤 사람들은 버터는 위에서 소화시키기 어렵다고 생각한다. 하지만 그렇지 않다. 당신의 소화기관은 마가린만큼이나 버터도 단지 쉽게 <u>소화시킨다</u>.」

19

Most people use words to send messages. But _____ use colors, lines, and shapes to show what they think and feel about things.

① poets   ② singers
③ writers   ④ painters

> **Tip 》** ① 시인 ② 가수 ③ 작가 ④ 화가
>
> 「대부분의 사람들은 메시지를 보내기 위해 단어를 사용한다. 하지만 <u>화가들은</u> 그들이 생각하고 느낀 것들이 무엇인지 보여주기 위해 색깔, 선 그리고 형상을 사용한다.」

20

Watching a movie in a theater can be a/an _____ experience. People have to stand in line to buy tickets. Sometimes it's difficult to find good, comfortable seats.

① happy   ② strange
③ unpleasant   ④ dangerous

> **Tip 》** theater 극장   stand in line 줄서서 기다리다   difficult 어려운   comfortable 편안한
>
> ① 행복한 ② 이상한 ③ 불쾌한 ④ 위험한
>
> 「극장에서 영화를 보는 것은 <u>불쾌한</u> 경험을 가지게 한다. 사람들은 줄을 서서 표를 사는데 때때로 좋고, 편안한 좌석을 찾기란 어렵다.」

Q 다음 밑줄 친 부분에 공통으로 들어갈 알맞은 것을 고르시오. 【21~25】

21

> • I _____ my jacket because of cold weather.
> • You need to _____ your sunglasses on the beach.

① put on   ② give up
③ turn on   ④ take off

Tip》 put on 입다(쓰다, 끼다, 걸치다)
> 「• 나는 추운 날씨 때문에 재킷을 <u>입었다.</u>
> • 너는 해변에 갈 때 선글라스를 <u>써야</u> 해.」

22

> • _____ upon a time, there lived a Queen.
> • _____ you form a habit, it is difficult to break it.

① As   ② If
③ When   ④ Once

Tip》 once 이전에, 한 번, 일단 ~하면 once upon a time 옛날 옛적에
> 「• <u>옛날 옛적에</u> 왕비가 살았습니다.
> • <u>일단</u> 버릇이 형성되면 그것을 고치기가 어렵다.」

Answer》》   19.④ 20.③ 21.① 22.④

23

- Place a _____ next to the right answer.
- You'll have to _____ the oil before you start driving.

① pen   ② buy
③ erase   ④ check

24

- This jacket is _____ big for me.
- This rock is _____ heavy to lift by myself.

① lot   ② too
③ many   ④ more

25

> A _____ is like a photo of our times and a time capsule of our history. If you want to keep up with the world around you, read a _____. Most _____ stories deal with straight facts.

① diary   ② letter

③ newspaper   ④ pamphlet

> **Tip 》** keep up with (사람·시대·흐름 등에) 뒤떨어지지 않다   capsule 소형화, 요약화하다   deal with 다루다
> ① 일기 ② 편지 ③ 신문 ④ 전단지
>
> 「신문은 요즘 상황의 사진과 역사를 요약한 것과 같은 것이다. 당신이 당신 주변의 세상일에 대해 뒤떨어지지 않기를 원한다면, 신문을 읽어라. 대부분의 신문은 주요사건들을 다룬다.」

◎ 다음 빈칸에 들어갈 알맞은 것을 고르시오. 【26~30】

26

> Stuff wet towels and sheets in gaps around the doors to _____ smoke.

① go over   ② seal out

③ turn out   ④ bring back

> **Tip 》** stuff (빽빽하게) 채워 넣다   gap 틈새
> ① 검토하다, 살펴보다
> ② 새지 않게 하다
> ③ ~인 것으로 드러나다
> ④ ~을 기억나게 하다, ~을 돌려주다
>
> 「연기를 새지 않게 하기 위해 젖은 수건과 시트를 문 주위의 틈새에 빽빽하게 채워 넣어라.」

27

> The college principal promised to _____ the matter.

① hand down   ② look into
③ go with   ④ spread to

Tip 》》 principal 장(長)
   　　① ~을 물려주다
   　　② 조사하다, 주의 깊게 살피다
   　　③ ~에 포함되다, 잘 어울리다
   　　④ ~로 퍼지다
   　　「대학 학장이 그 문제를 <u>조사하겠다고</u> 약속했다.」

28

> As the President's car drew up, the crowd _____ loud applause.

① cope with   ② figure out
③ bump into   ④ break into

Tip 》》 applause 박수
   　　① ~에 대응하다
   　　② ~을 알아내다, 이해하다
   　　③ (우연히) ~와 마주치다
   　　④ (갑자기) ~하기 시작하다
   　　「대통령이 탄 차가 도착하자 사람들이 크게 박수를 <u>치기 시작했다.</u>」

29

> After missing a term through illness he had to work hard to _____ with the others.

① work on
② call off
③ catch up
④ turn down

　　Tip 》 term 회기, 학기
　　　　　① ~에(게) 공을 들이다
　　　　　② ~을 취소하다
　　　　　③ 따라잡다
　　　　　④ 뿌리치다, 사양하다
　　　　「아파서 한 학기를 놓친 그는 다른 학생들을 <u>따라잡기</u> 위해 열심히 공부를 해야 했다.」

30

> She was quick to _____ the mistakes I'd made.

① point out
② flow into
③ fight off
④ compete for

　　Tip 》 ① 가리키다, 지적하다
　　　　　② ~로 흘러들다
　　　　　③ 싸워서 격퇴하다
　　　　　④ ~을 위해 싸우다
　　　　「그녀는 내가 한 실수를 재빨리 <u>지적했다.</u>」

Answer 》 27.② 28.④ 29.③ 30.①

CHAPTER

02 동의어 · 유의어 · 반의어

이 유형은 문장 전체에 대한 정확한 이해와 밑줄 친 단어 및 어구의 정확한 뜻과 다양한 쓰임을 제대로 알고 있어야 정답을 찾을 수 있는 문제로 출제빈도가 높은 어휘문제의 유형이다.

유형 문제 1

밑줄 친 부분과 의미가 가장 가까운 것은?

> Students who click their ball-point pens in class <u>drive me up the wall</u>.

① annoy me greatly　　　　　② distract me a lot

③ play up to me frequently　　④ take a big load off my mind

> 풀이 drive~up the wall ~의 이성을 잃게 하다, 몹시 화나게 하다
> ① 상당히 화나게 하다.
> ② 정신을 산란하게 하다.
> ③ 나에게 자주 아부하다.
> ④ 마음의 짐을 크게 덜어주다.
> 「교실에서 볼펜 누르는 소리를 내는 학생들은 나를 <u>몹시 화나게 한다</u>.」

답 ①

유형 문제 2

다음 밑줄 친 부분과 뜻이 가장 가까운 것은?

> The injury may keep him out of football <u>for good</u>.

① temporarily　　　　　② permanently

③ for getting well　　　④ for treatment

> 풀이 for good 영원히
> ① 일시적으로
> ② 영원히
> ③ 회복하기 위해
> ④ 치료를 위해
> 「그 부상은 그가 축구를 <u>영원히</u> 못하게 할지도 모른다.」

답 ②

다음 밑줄 친 부분과 의미가 반대되는 것은?

A classic <u>stereotype</u> is that men are better at math than women, but there has been little solid evidence to explain this.

① clear

② firm

③ incorrect

④ certain

풀이 stereotype 고정관념, 정형화된 생각
①②④ 확실한, 틀림없는
③ 부정확한, 사실이 아닌

「남자가 여자보다 수학을 더 잘한다는 것은 전통적인 <u>고정관념</u>이지만, 이것을 설명할 확실한 증거가 없다.」

답 ③

다음 밑줄 친 단어의 반의어는?

The house is constructed to <u>resist</u> typhoons.

① eternal

② usual

③ postpone

④ surrender

풀이 resist 저항하다
① 영원한
② 보통의
③ 연기하다
④ 항복하다

「그 집은 태풍을 <u>견디어 낼</u> 수 있도록 지어져 있다.」

답 ④

Q 밑줄 친 부분과 의미가 같은 것을 고르시오. 【1~15】

1

> Breaks are necessary to <u>revive</u> your energy levels and recharge your mental stamina.

① restore   ② abolish

③ cancel   ④ post

> **Tip** ≫ revive 활기를 되찾다, 회복하다
> ① 회복시키다
> ② 폐지하다
> ③ ~을 무효로 하다, 취소하다
> ④ 게시하다
> 「휴식은 에너지 수준을 회복시키고 정신적인 체력을 재충전하는 데 필요하다.」

2

> Sometimes the measure of friendship isn't your <u>ability</u> to not harm but your capacity to forgive the things done to you and ask forgiveness for your own mistakes

① adoration   ② competence

③ contempt   ④ defect

> **Tip** ≫ ability 능력, 재능, 기량
> ① 숭배, 동경
> ② 능력, 능숙함, 능숙도
> ③ 경멸, 모욕, 멸시
> ④ 결함, 단점
> 「가끔 우정의 척도는 피해를 주지 않는 능력이 아니라, 너의 잘못을 용서하고, 자신의 잘못에 용서를 구하는 능력이다.」

3

> Desire is the essence of a man.

① dialect

② aspiration

③ dignity

④ repentance

> **Tip** 》》 desire 욕구, 갈망, 바람
> ① 방언, 사투리
> ② 포부, 열망, 목표
> ③ 존엄, 품위, 위엄
> ④ 뉘우침, 후회
> 「욕망은 인간의 본질이다.」

4

> It is debatable whether nuclear weapons actually prevent war.

① contrary

② compatible

③ potable

④ arguable

> **Tip** 》》 debatable 논쟁의 여지가 있는
> ① 반대되는
> ② 호환이 되는
> ③ 마셔도 되는
> ④ 논쟁의 여지가 있는
> 「핵무기가 정말로 전쟁을 막을 것인지 아닌지에 대해서는 논란의 여지가 있다.」

Answer 》》 1.① 2.② 3.② 4.④

5

> At that time, it was so difficult for construction companies to <u>procure</u> raw materials.

① obtain   ② declare

③ resolve   ④ grind

> Tip ≫ procure 획득하다, 조달하다   raw materials 원자재
> ① (특히 노력 끝에) 얻다
> ② 선언하다
> ③ (문제 등을) 해결하다, 결심하다,
> ④ (곡식 등을 잘게) 갈다, (착취 등으로) 괴롭히다.
> 「그 당시에, 건설회사가 원자재를 마련하는 것은 꽤 어려웠다.」

6

> I always feel <u>at home</u> in your living room.

① shy   ② sick

③ unhappy   ④ comfortable

> Tip ≫ ① 수줍어하는 ② 아픈 ③ 불행한 ④ 기분 좋은, 편안한
> 「난 너의 거실에서 늘 편안함을 느껴.」

7

> You can <u>rely on</u> what you read in a newspaper.

① depend on   ② write down

③ get off   ④ put off

8

> You have to come early tomorrow morning. <u>In addition</u>, you should come with your brother.

① Besides　　　　　　　　② At last

③ For example　　　　　　④ In contrast

9

> He solved the problem <u>in the end</u>.

① slowly　　　　　　　　② easily

③ lately　　　　　　　　④ finally

Answer ≫　5.①　6.④　7.①　8.①　9.④

10

The box <u>is filled with</u> books and toys.

① is made of   ② is full of

③ is known for   ④ is covered with

Tip 》》 fill+전치사+명사 ~로 가득 차다, 충만하다
       ① ~으로 만들다
       ② ~로 가득 차다
       ③ ~으로 알려져 있다
       ④ ~로 덮여져 있다
       「그 상자는 책과 장난감으로 가득 차 있다.」

11

He struck him with a <u>mighty</u> blow across his shoulder.

① diminish   ② bitter

③ stout   ④ uneasy

Tip 》》 mighty=stout : 강한
       ① 줄어들다, 약해지다   ② 격렬한   ④ 불안한
       「그가 그 남자의 어깨를 세차게 한 대 후려쳤다.」

12

As a result, the population of these animals began to <u>dwindle</u> until there were none left.

① severe   ② decline

③ retreat   ④ applaud

Tip 》 dwindle=decline : 감소하다
       ① 극심한   ③ 후퇴하다   ④ 박수를 치다
       「그 결과 이 동물의 수는 한 마리도 남아있지 않을 때까지 점차 감소하기 시작했다.」

13

Cook each type separately to keep flavors <u>distinct</u>.

① timid   ② definite

③ considerate   ④ awkward

Tip 》》 distinct＝definite : 명백한, 분명한
① 소심한 ② 사려 깊은 ④ 어색한, 곤란한
「향을 구별하기 위해 각 종류를 따로 요리하세요.」

14

Some of them will be, but most of them are too <u>obscure</u>.

① handy   ② transparent

③ favorable   ④ vague

Tip 》》 obscure＝vague : 모호한, 불분명한
① 유용한 ② 투명한 ③ 호의적인
「부분적으로는 되겠지만, 나머지 대부분은 너무 불분명하다.」

15

There are rumours the company is about to officially <u>launch</u> it this week.

① initiate   ② mediate

③ invade   ④ torture

Tip 》》 launch＝initiate : 시작하다
② 중재하다, (타결을) 보다 ③ 침입하다, 침해하다 ④ 고문하다
「회사가 금주에 공식출범한다는 소문이 있다.」

Answer 》》 10.② 11.③ 12.② 13.② 14.④ 15.①

Q 밑줄 친 부분과 의미가 반대인 것을 고르시오. 【16~30】

16

The organization will issue him a <u>temporary</u> number for identification purposes.

① contagious   ② sincere
③ permanent   ④ favorable

Tip 》》 temporary 일시적인
① 전염되는, 전염성의
② 진실된, 진정한, 진심 어린
③ 영원한, 영구적인
④ 가장 선호하는
「그 기관이 신분을 증명할 임시 번호를 그에게 발행해 줄 겁니다.」

17

A two minute silence was held as a mark of <u>respect</u>.

① ending   ② seduce
③ entice   ④ contempt

Tip 》》 respect 존경(심), 경의
① 결말
② 유혹하다
③ 유도하다
④ 경멸, 멸시
「경의의 표시로 2분 동안 묵념이 있었다.」

18

The desire to marry and make <u>offspring</u> is an inborn instinct given by God.

① descendant   ② nomadic
③ forebear   ④ fondness

Tip 》 offspring 자손, 후손 forebear 조상, 선조
① 자손 ② 유목의 ④ 자애
「결혼하고 자손을 만드는 열망은 신에게서 부여받은 선천적인 본능이다.」

19

I could not make out the <u>vague</u> shape of a man in the darkness.

① significant   ② obvious
③ immense   ④ courteous

Tip 》 vague 모호한 obvious 분명한
① 중요한 ② 엄청난 ④ 공손한
「나는 어둠 속에서 한 남자의 희미한 모습을 식별할 수 없었다.」

20

It would be <u>imprudent</u> to invest all your money in one company.

① excessive   ② deficient
③ vulnerable   ④ attentive

Tip 》 imprudent 부주의한, 경솔한 attentive 주의 깊은
① 지나친, 과도한 ② 부족한 ③ 취약한
「당신이 가진 모든 돈을 하나의 회사에 투자하는 것은 현명하지 못한 일이 될 것입니다.」

Answer 》 16.③ 17.④ 18.③ 19.② 20.④

21

The actor forgot his lines, and that mistake <u>humiliated</u> him.

① dismissed　　　　　　　　　② adored

③ confused　　　　　　　　　④ evaporated

>　Tip 》 humiliate 굴욕감을 느끼게 하다　adore 감탄하다, 숭배하다
>　　　① 잊혀진　③ 혼란스러운　④ 증발하다
>　　「그 배우는 대사를 잊어버리는 실수를 했고 그래서 굴욕감을 느꼈다.」

22

Feminism is a very <u>contradictory</u> theme throughout literary history.

① complicated　　　　　　　　② spotless

③ corresponding　　　　　　　④ indifferent

>　Tip 》 contradictory 모순된　corresponding 일치하는
>　　　① 복잡한　② 티끌 하나 없는　④ 무관심한
>　　「페미니즘은 문학적인 역사에 있어 매우 모순되는 것이다.」

23

The professor has a reputation of being <u>stingy</u> with grades.

① subtle　　　　　　　　　　② illiterate

③ depressed　　　　　　　　　④ lavish

>　Tip 》 stingy 인색한, 구두쇠의　lavish 아끼지 않는
>　　　① 미묘한　② 문맹의　③ 우울한
>　　「그 교수는 점수가 박하기로 유명하다」

24

Abundant resources were the motor force of economic growth in this country.

① scarce   ② weird
③ intimate   ④ static

> **Tip** » abundant 풍부한   scarce 부족한
> ② 기이한   ③ 친밀한   ④ 고정된
> 「풍부한 자원이 이 나라 경제성장의 원동력이었다.」

25

For a long time his death was concealed from her.

① harbor   ② manifest
③ determinate   ④ divulge

> **Tip** » conceal 숨기다, 비밀로 하다
> ① 항구, 피난처
> ② 명백하게 하다, 명시하다
> ③ 한정된, 명확한, 확인하다
> ④ 누설하다, 폭로하다
> 「오랜 시간 동안 그의 사망 사실을 그녀에게 숨기고 있었다.」

Answer » 21.② 22.③ 23.④ 24.① 25.④

26

Historians study events which happened in the faraway past.

① distant   ② remote

③ nearby   ④ outdated

> Tip 》 faraway 멀리 떨어진, 먼 nearby 인근의, 근처에
> ① 먼, 멀리 떨어져 있는
> ② 외진, 외딴
> ④ 구식인
> 「역사가들은 먼 과거에 일어났던 사건들을 연구한다.」

27

On closer examination the painting proved to be a fake.

① new   ② original

③ extra   ④ imitate

> Tip 》 fake 모조(위조)품 original 원본
> ① 새로운 ③ 추가의 ④ 모방하다
> 「더 면밀히 조사한 결과 그 그림은 가짜로 드러났다.」

28

He's always meticulous in keeping the records up to date.

① capricious   ② patient

③ nimble   ④ rough

> Tip 》 meticulous 꼼꼼한, 세심한 rough 대충한, 거친
> ① 변덕스러운 ② 참을성 있는 ③ 빠른, 날렵한
> 「그는 항상 꼼꼼하게 기록을 최근 내용으로 수정 정리해 둔다.」

29

He gets <u>aggressive</u> when he's drunk.

① honest   ② friendly

③ foolish   ④ clever

> **Tip 》** aggressive 공격적인 friendly 우호적인
> ① 정직한 ③ 어리석은 ④ 영리한
> 「그는 술이 취하면 공격적이 된다.」

30

It's <u>doubtful</u> if this painting is a Picasso.

① warlike   ② crucial

③ certain   ④ ambiguous

> **Tip 》** doubtful 의심스러운, 불확실한 certain 확실한, 틀림없는
> ① 호전적인 ② 중대한 ④ 애매모호한
> 「이 그림이 피카소 작품인지는 의심스럽다.」

Answer 》》 26.③ 27.② 28.④ 29.② 30.③

CHAPTER 03 단어 관계

이 유형은 보기로 주어진 각 단어의 정확한 뜻과 다양한 쓰임을 제대로 알고 있어야 하며 짝지어진 단어들이 서로 어떠한 관계인지 파악해야 정답을 찾을 수 있는 문제로 출제빈도가 높은 어휘문제의 유형이다.

유형 문제 1

다음 중 서로 비슷한 의미로 짝지어진 것은?

① bodily – physical

② spiritual – excellent

③ spectacular – weary

④ intellectual – national

> 풀이
> ① 신체의 – 육체의
> ② 정신의 – 훌륭한
> ③ 볼 만한 – 피곤한
> ④ 지적인 – 국가의

답 ①

유형 문제 2

다음 중 의미상 서로 어울리지 않은 표현끼리 짝지어진 것은?

① banal – boring

② exploit – frustration

③ antagonist – enemy

④ rehabilitate – educator

> 풀이
> ① 진부한 – 지루한
> ② 이용하다 – 좌절
> ③ 적대자 – 적
> ④ 갱생시키다 – 교육자

답 ②

다음 중 두 단어의 관계가 적절하지 않은 것은?

① singer – sing

② student – study

③ lawyer – arrest

④ lecturer – give lessons

> 풀이 우측의 단어는 좌측의 단어가 할 수 있는 행동이다.
> ① 가수 – 노래하다
> ② 학생 – 공부하다
> ③ 변호사 – 체포하다
> ④ 강사 – 수업하다

답 ③

다음 중 나머지 셋과 관계가 먼 것은?

① art – literature

② animal – rabbit

③ sports – baseball

④ male – female

> 풀이 ① 예술 – 문학 (상하 관계)
> ② 동물 – 토끼 (상하 관계)
> ③ 운동 – 야구 (상하 관계)
> ④ 남성 – 여성 (반의어 관계)

답 ④

Q 다음 두 단어의 관계가 같도록 빈칸에 알맞은 것을 고르시오. 【1~3】

1

> compel : force = expose : (   )

① reveal   ② adjourn
③ discord   ④ quote

> **Tip** 》》 주어진 두 단어 compel과 force는 둘 다 '강요하다'라는 뜻으로 서로 유의어 관계이다.
> expose 드러내다, 폭로하다, 노출시키다
> ① 드러내다, 밝히다, 누설하다   ② (재판·회의 등을) 연기하다, 휴회하다
> ③ 불화, 다툼, 불일치   ④ 인용하다, 견해를 내다

2

> achieve : fulfil = surround : (   )

① negotiate   ② discipline
③ interrupt   ④ encircle

> **Tip** 》》 주어진 두 단어 achieve와 fulfil은 둘 다 '실현하다'라는 뜻으로 서로 유의어 관계이다.
> surround 둘러싸다, 에워싸다, 포위하다
> ① 협상하다, 성사시키다   ② 규율, 훈육
> ③ 방해하다, 중단시키다   ④ 에워싸다, 둘러싸다

3

> lack : abundance = retreat : (   )

① advance   ② commute
③ dissolve   ④ exempt

Tip 》》 주어진 두 단어 lack과 abundance는 서로 반대의 의미를 지닌 반의어 관계이다.
retreat 후퇴하다, 물러가다
① 나아가다, 전진하다   ② 통근하다
③ 녹다, 용해되다   ④ 면제하다, 면제된, ~이 없는

Ⓠ 두 단어의 관계가 나머지 셋과 다른 것을 고르시오. 【4~15】

4 ① car – driving   ② shirt – cooking
    ③ pencil – writing   ④ knife – cutting

Tip 》》 우측의 단어는 좌측의 단어로 할 수 있는 행위이다.
    ① 차 – 운전   ② 셔츠 – 요리
    ③ 연필 – 글쓰기   ④ 칼 – 자르기

5 ① grape – fruit   ② singer – celebrity
    ③ novel – poem   ④ fashion – art

Tip 》》 ①②④ 상하관계
    ③ 소설 – 시 (문학의 하위범주)

6 ① open – close   ② happy – unhappy
    ③ beautiful – ugly   ④ interesting – funny

Tip 》》 ①②③ 반대어
    ④ 유의어

7 ① cold – hot   ② hard – difficult
    ③ honest – dishonest   ④ correct – wrong

Tip 》》 ① cold(추운) – hot(뜨거운)
    ② hard(열심히)와 difficult(어려운)는 반의어가 아니다.
    ③ honest(정직한) – dishonest(정직하지 않은)
    ④ correct(옳은) – wrong(틀린)

Answer 》》 1.① 2.④ 3.① 4.② 5.③ 6.④ 7.②

8 ① tie – untie   ② like – dislike

③ agree – disagree   ④ stand – understand

Tip 》》 ① tie(묶다) – untie(풀다)
② like(좋아하다) – dislike(싫어하다)
③ agree(동의하다) – disagree(의견이 일치하지 않다)
④ stand(서다)와 understand(이해하다)는 반의어가 아니다.

9 ① strong – weak   ② foolish – stupid

③ happy – miserable   ④ interesting – boring

Tip 》》 ① 힘 센 – 약한
② 어리석은 – 어리석은
③ 행복한 – 불쌍한
④ 흥미 있는 – 지루한

10 ① health – healthy   ② joy – joyful

③ tradition – traditional   ④ move – movement

Tip 》》 ① 건강, 활력(명사) – 건강한, 건전한(형용사)
② 기쁨, 행복(명사) – 기쁜, 기쁨에 찬(형용사)
③ 전통, 전설(명사) – 전통적인, 전설의(형용사)
④ 움직이다, 작동시키다(동사) – 움직임, 동작(명사)

11 ① rich – poor   ② wise – smart

③ strong – weak   ④ diligent – lazy

Tip 》》 모두 반의어 관계이지만, ②만 유의어관계이다.
① 부유한 – 가난한
② 현명한 – 똑똑한
③ 강한 – 나약한
④ 부지런한 – 게으른

12 ① weak – weaken   ② kind – kindness

    ③ different – difference   ④ difficult – difficulty

> **Tip》** ②③④ 모두 형용사와 명사의 관계이지만, ①만 형용사와 동사의 관계이다.
> ① 약한 – 약해지다, 약화시키다
> ② 친절한 – 친절함
> ③ 다른 – 다름
> ④ 어려운 – 어려움

13 ① dog – animal   ② green – color

    ③ car – building   ④ summer – season

> **Tip》** ①②④는 하위어와 상위어의 관계이고,
> ③은 서로 관계가 없다.
> ① 개 – 동물
> ② 초록색 – 색깔
> ③ 자동차 – 빌딩
> ④ 여름 – 계절

14 ① big – large   ② fast – slow

    ③ new – old   ④ high – low

> **Tip》** ②③④는 서로 반의어의 관계이고, ①은 서로 유의어 관계이다.
> ① 큰 – 큰
> ② 빠른 – 느린
> ③ 새로운 – 오래된
> ④ 높은 – 낮은

15 ① surrender – resist   ② usual – ordinary

    ③ postpone – delay   ④ eternal – everlasting

> **Tip》** surrender 항복하다 resist 저항하다 usual, ordinary 보통의 postpone, delay 연기하다 eternal, everlasting 영원한
> ① 반의어
> ②③④ 동의어

Answer 》 8.④ 9.② 10.④ 11.② 12.① 13.③ 14.① 15.①

CHAPTER
04. 필수 어휘 · 숙어 및 기타유형

① 필수 어휘 · 숙어

(1) Break

• break away 도망치다(=escape), 빠져나가다

  예 As a result, three cats managed to break away.
  결국 세 마리의 고양이가 도망치는 데 성공했다.

• break down 고장 나다(=stop working), 부수다

  예 The network system has broken down.
  네트워크 시스템이 고장난 상태이다.

• break in (건물 등에) 침입하다, (대화중에) 끼어들다

  예 Thieves had broken in while we are away.
  우리가 자리를 비운 사이 도둑이 침입했다.

• break out (전쟁, 화재 등이) 갑자기 발생하다

  예 Usually war doesn't break out overnight.
  일반적으로 전쟁은 하룻밤 사이에 일어나지 않는다.

• break through (적진, 곤경 등을) 돌파[극복]하다

• break up (관계 등이) 끝나다, 헤어지다

• break with ~와 헤어지다

(2) Bring

• bring about 야기하다, 초래하다(=cause)

  예 This problem may cause a failure.
  이러한 문제는 실패를 초래할지도 모른다.

• bring back 되돌리다, 돌려주다, 상기시키다

  예 Please bring back all books by the end of the month.
  이번 달 말까지 모든 책을 반납하시기 바랍니다.

- bring down 하락시키다, 내리다

    ⓒ We're going to bring down prices on all our products.
    우리는 모든 제품의 가격을 내리기로 하였다.

- bring forth (증거 등을) 제시하다, (열매를) 맺다
- bring forward (문제안 등을) 제시하다(=propose)
- bring in 끌어들이다, 데려오다
- bring out (상품, 책 등을) 내놓다(=produce)
- bring over ~을 데려오다
- bring together 모으다, 결합(화해)시키다
- bring up 기르다, (문제, 화제 등을) 제기하다

(3) Call

- call down 꾸짖다
- call for 요구하다, 날씨가 ~ 될 거라고 예상하다
- call off 취소하다(=cancel)

    ⓒ Would you call off the promise?
    약속을 취소하겠습니까?

- call on 요구(부탁)하다(=request), 방문하다

    ⓒ She'll call on me in a week.
    그녀는 1주일 후에 나를 방문할 것이다.

- call up 전화하다

(4) Cut

- cut back (on) (생산, 영업을) 삭감[축소]하다
- cut down (on) (경비, 활동 등을) 줄이다

    ⓒ He cut down on salty food as the doctor had advised.
    그는 의사가 충고한 대로 짠 음식의 양을 줄였다.

- cut in 끼어들다(=interrupt)

    ⓒ He kept cutting in on our conversation.
    그가 계속 우리 대화에 끼어들었다.

- cut off 베어[잘라]내다, (전기, 전화 등을) 끊다
- cut out 제거하다(=remove), 중단하다, 그만두다

(5) Come

- come about (사건 등이) 일어나다(=happen)

  예 I told her how the accident came about.
  나는 그녀에게 사고가 어떻게 일어났는지 말했다.

- come across 우연히 만나다[발견하다]
- come along (일 등이) 생기다, 잘 되어가다
- come by 얻다, 입수하다(=obtain), 들르다
- come down (가격, 몸무게 등이) 내리다

  예 Would you come down a little, please?
  값을 좀 깎아줄 수 있나요?

- come down to 결국 ~ 이 되다

  예 My concerns come down to worries about losing faith.
  내가 우려하는 것은 결국 신념을 잃어버리는 것이다.

- come down with (병에) 걸리다
- come in for (벌, 비판 등을) 받다, (재산을) 상속하다
- come into effect 발효되다
- come of 결과로서 일어나다, ~에 유래하다
- come off (단추 등이) 떨어져 나가다, 결과가 ~이 되다
- come out (사실 등이) 알려지다, 나타나다
- come over 방문하다(=visit)
- come through (병, 위기 등을) 헤쳐 나가다, 성공하다

  예 With such a weak body he was lucky to come through the operation.
  그렇게 몸이 약한 그가 수술에서 살아난 것은 행운이었다.

- come to (합계가) ~의 금액에 이르다
- come to pass 일어나다
- come up (문제 등이 갑자기) 발생하다
- come up to 가까이 가다, (품질, 능력에서) ~에 필적하다
- come up with 제안하다(=suggest), (해답 등을) 찾아내다

  예 He came up with a new idea for solving problems.
  그가 문제를 해결하기 위한 새로운 아이디어를 제안했다.

(6) Get

- get across 이해시키다, 납득시키다
- get around to v-ing ~할 시간을 내다

- get by (겨우) 통과하다, 그럭저럭 해내다
- get down to 차분히 ~의 연구[일]에 착수하다

  예 Are you ready to get down to business?
  당신은 사업을 착수할 준비가 됐습니까?
- get over 극복하다, (건강을) 회복하다(=overcome)

  예 She got over her depression.
  그녀는 자신의 우울증을 극복했다.
- get rid of ~을 없애다

  예 Could you remove the stain on this pants?
  이 바지의 얼룩을 좀 없애줄 수 있나요?
- get through (전화 등으로) 연결이 되다, 완성하다
- get together 모이다, 모으다(=gather)

(7) Give

- give away 거저 주다, (비밀을) 누설하다
- give birth to 낳다
- give in 굴복하다, 따르다(=yield)

  예 They were forced to give in.
  그들은 어쩔 수 없이 굴복해야 했다.
- give of (냄새, 열, 빛 등을) 내다, 발산하다
- give out 분배하다, (기능이) 정지하다, 멈추다

  예 The supervisor gave out the exam papers.
  감독관이 시험지를 나눠주었다.
- give up 포기하다, 그만두다(=surrender)
- give way to 굴복하다, 양보하다

(8) Go

- go about 착수하다, (소문 등이) 퍼지다

  예 He's going about the job in the right way.
  그는 그 일을 올바르게 시작하고 있다.
- go around 모든 사람들에게 골고루 돌아가다
- go at[for] ~을 공격하다, 덤벼들다(=attack)
- go back on (약속 따위를) 깨다, 번복하다

  예 He often goes back on his word.
  그는 종종 자신의 말을 번복한다.

- go by ~에 따르다, ~에 의거해서 판단하다
- go for (구어) ~을 좋아하다
- go into ~에 종사하다
- go off 폭발하다(=explode), (전기 등이) 꺼지다
- go on with 계속하다
- go over 검토하다(=examine), 복습하다

  예 Please go over your papers before you hand it in.
  시험지를 제출하기 전에 검토하시기 바랍니다.
- go through ~을 자세히 조사하다(살펴보다), ~을 겪다

  예 He always starts the day by going through his office.
  그는 항상 사무실을 살펴보는 것으로 그의 하루를 시작한다.

(9) Hang

- hang around 배회하다, 어슬렁거리다
- hang on 꽉 붙잡다, 전화를 끊지 않고 있다

  예 Hey! Hang on to your hat.
  이봐! 네 모자 꽉 붙잡아.
- hang out 노상 시간을 보내다

  예 Many kids hang out at the playground.
  많은 아이들은 놀이터에서 시간을 보낸다.
- hang up 전화를 끊다

  예 I'll ask her as soon as I hang up.
  전화 끊자마자 그녀에게 물어볼게.

(10) Hold

- hold back ~을 저지[억제]하다(=restrain), 숨기다
- hold down (가격 등을) 억제하다, (소리 등을) 제지하다
- hold good 유효하다
- hold on (to) (전화를) 끊지 않고 기다리다, 단단히 잡다

  예 Please hold on for just a minute.
  잠시만 끊지 말고 기다려주세요.
- hold out (재고 등이) 없어지지 않다, 계속 남아있다

  예 I held out for a month in the desert.
  나는 사막에서 한 달을 버텼다.

- hold ⟨a person⟩ to his word (하기로 약속한 것을) 지키게 하다
- hold up 지연시키다(=delay), 지탱하다

(11) Keep

- keep at ~을 계속해서 열심히 하다
- keep away from 피하다, 가까이 하지 않다
  예 You should keep away from him.
    당신은 그를 가까이 하지 않는 게 좋다.
- keep from ~하지 못하게 하다
- keep ~ in mind 명심하다, 잊지 않다, 마음에 담아두다
  예 As you leave here, keep us in mind.
    당신이 이곳을 떠날 때, 우리를 잊지 말아라.
- keep in touch with ~와 계속 연락을 취하다
  예 I want to keep in touch with her but I don't know how.
    나는 그녀와 계속 연락을 하고 싶지만 어떻게 해야 할지 모르겠다.
- keep off 피하다, 가까이 못하게 하다
- keep on v-ing 계속해서 ~하다
  예 I'll keep on trying my best.
    나는 앞으로 계속 열심히 할 것이다.
- keep out 들어오지 못하게 하다
- keep to ~에서 벗어나지 않다, ~을 따라 나아가다
- keep up (좋은 상태를) 유지하다, 계속하다
- keep up with ~에 뒤떨어지지 않다

(12) Look

- look after 보살피다, 돌보다(=take care of)
  예 I'm going to look after the children while you're away.
    당신이 없을 때 내가 아이들을 돌보겠다.
- look around ~을 구경하다
- look back (on) 회상[회고]하다(=recollect)
- look down on 업신여기다, 깔보다
- look forward to ~을 고대하다
  예 I'm looking forward to the vacation.
    나는 방학이 기대된다.

- look into 조사하다(=investigate)

  예 A special team has been set up to look into the problem.
  그 문제를 조사하기 위해 특별팀이 만들어졌다.

- look on A as B A를 B로 보다

- look out 조심하다, 경계하다(=be careful)

  예 Look out! There's a truck coming.
  조심해! 트럭이 오고 있어.

- look over 쭉 훑어 보다

- look up (사전에서) 찾아보다, 방문하다, 호전되다

- look up to 존경하다(=respect)

(13) Make

- make a fool(fun) of ~을 놀리다

- make it 성공하다, 제시간에 대다

- make out 이해하다, (수표 등을) 작성하다, 잘 해내다

  예 I can't make out what she says.
  나는 그녀가 하는 말을 이해할 수 없다.

- make sense 이치에 닿다

- make sure 확인하다, 확실히 하다

  예 I just wanted to make sure you won.
  나는 그저 네가 이겼다는 것을 확인하고 싶었다.

- make the most(best) of ~을 최대한 이용하다

- make up (이야기 등을) 꾸며내다, 화해하다, 구성하다

- make up for ~을 보상[벌충]하다(=compensate for)

- make (too much) of ~에서 너무 많은 것을 만들다, ~을 너무 중요하게 생각하다

(14) Pass

- pass away (사람이) 죽다(=die)

  예 His father passed away three years ago.
  그의 아버지는 3년 전에 세상을 떠났다.

- pass by 지나가다

  예 A school bus pass by here.
  학교버스는 이곳을 지나간다.

- pass down 대대로 전하다

- pass for ~으로 통하다, ~으로 간주되다
- pass on (정보 등을) 다른 사람에게 전하다
- pass out 의식을 잃다, 기절하다, 나눠주다
- pass over 무시하다, 못 본 체하다
- pass up (기회 등을) 놓치다, 거절하다

(15) Put

- put aside (후일을 위해) ~을 따로 남겨[떼어] 두다, 저축하다
- put away (물건을) 치우다, (음식, 술을) 많이 마시다
  예 I'm going to put the computer away.
  나는 컴퓨터를 치우려 하고 있다.
- put back 본래의 자리에 갖다 놓다
- put down 적어놓다(=write down), 진압[억제]하다
  예 I forgot to put down my address.
  나는 주소 적는 것을 잊어버렸다.
- put forth (forward) ~을 제안하다
- put in (시간, 돈을) 소비하다, (서류 따위를) 제출하다
- put off 연기하다(=postpone)
- put on (옷을) 착용하다, ~인 체하다, (체중을) 늘리다
  예 She put on a dress.
  그녀는 드레스를 입었다.
- put out 끄다
- put through 전화를 연결시키다, 시련을 받게 하다
- put together ~을 모으다, 조립하다
- put up with 참다, 견디다

(16) Run

- run across ~을 우연히 만나다[찾아내다]
- run after 뒤쫓다, 추적하다(=chase)
  예 If you run after two hares, you will catch neither.
  두 마리 토끼를 쫓으면 한 마리도 잡지 못한다.
- run down (사람을) 치다, (전지가) 소모되다
- run into 충돌하다, 부딪치다, 우연히 만나다
- run off (서둘러) 떠나다, 인쇄하다

- run out (of) 다 써버리다, 다 떨어지다(=use up)
  - 예 We've run out of gas.
    우리는 연료를 다 써버렸다.
- run over (차, 사람이) ~을 치다, 복습하다
- run through ~을 대충 훑어 보다

(17) See

- see about ~을 찾다, ~을 고려[검토]하다
- see on (공항, 역 등에서) 전송하다
- see out 집밖까지 배웅하다
- see through (진상을) 간파하다, 꿰뚫어 보다
  - 예 I can see through your tricks.
    나는 너의 속임수를 간파할 수 있다.

(18) Set

- set about ~을 하기 시작하다, 착수하다
  - 예 I set about the work of repairing my home.
    나는 집 보수를 시작했다.
- set aside (돈 등을) 따로 떼어놓다, (잠시) 제쳐두다
- set back 저지하다, 방해하다
- set in (병, 날씨 등이) 시작되다
- set off 폭발시키다, (경보장치 등을) 작동시키다
- set out (일에) 착수하다, 출발하다, 피력하다
- set up 세우다, 설립하다, 준비하다
  - 예 Recently, we set up a group.
    최근에 우리는 그룹을 만들었다.

(19) Stand

- stand by 지지하다(=support), 대기하다
- stand for 나타내다, 의미하다
  - 예 The initials UN stand for the United Nations.
    UN은 국제연합을 나타낸다.
- stand out 두드러지다, 뛰어나다
- stand up ~을 바람맞히다

- stand up for 옹호하다, 지지하다

  예 I stand up for him.
  나는 그를 옹호한다.

(20) Stay

- stay away 가까이 하지 않다

  예 You should stay away from dangerous zone.
  위험구역은 가까이 하지 않는 것이 좋다.
- stay up 자지 않고 일어나 있다
- stay in 집에 있다, 외출하지 않다
- stay behind 뒤에 남다, 남아 있다

(21) Stick

- stick around 근처에서 기다리다[떠나지 않다]
- stick to (결의, 주의 등을) 버리지 않다, 고수하다
- stick with (안전을 위해) 떠나지 않고 있다, ~에 충실하다

(22) Take

- take account of ~을 고려하다
- take advantage of ~을 이용하다, ~을 기회로 활용하다
- take after ~을 닮다(=resemble)

  예 Your son take after your wife.
  당신 아들은 당신의 부인을 닮았다.
- take A as B A를 B로 여기다
- take A for granted A를 당연히 여기다
- take apart 분해하다

  예 I took apart my car.
  나는 내 차를 분해했다.
- take back 반환하다, 반품하다, (말을) 취소하다
- take charge of ~을 담당하다
- take down ~을 낮은 곳으로 내리다, 해체하다
- take in 포함시키다, 속이다(=trick), 묵게 하다
- take A into account A를 참작(고려)하다

- take off (옷 등을) 벗다, (비행기가) 이륙하다

  예 She took off her coat.
  그녀를 외투를 벗었다.

- take on (책임을) 떠맡다, (태도를) 취하다, 고용하다

- take out 데리고 나가다, 끄집어내다

  예 How many moles did the doctor take out?
  의사가 점을 몇 개나 뺐습니까?

- take over ~으로부터 이어받다

- take part in ~에 참가하다 (=participate in)

  예 I have already promised that I'd take part in that party.
  나는 파티에 참석하겠다고 이미 약속했다.

- take to ~을 좋아하게 되다, ~에 가다, 습관이 되다

  ### (23) Turn

- turn away 내쫓다, 입장을 거절하다

  예 Many people were turned away from the theater.
  많은 사람들이 극장에서 입장을 거부당했다.

- turn down 거절하다, (라디오의 소리 등을) 약하게 하다

- turn in 제출하다, 잠자리에 들다

  예 I turned in the term paper on time.
  나는 보고서를 제때 제출했다.

- turn off (라디오 등을) 끄다

- turn on (전기 등을) 켜다

- turn out ~으로 판명되다, 생산하다, 참석하다, 나가다

- turn over (재산을) 양도하다, 인도하다, (권한을) 위임하다

- turn to ~에 의지하다

- turn up (라디오의 소리 등을) 높이다, 모습을 나타내다

② 그 외 핵심 숙어

hand in	제출하다
as to	~에 관하여, ~에 대하여
have a hard time ~ing	어려움을 겪다, 애를 먹다
remind A of B	A에게 B를 상기시키다
wait on	응대하다, 시중들다
refer to A as B	A를 B로 부르다
succeed to	~의 뒤를 잇다, 계승하다
in the face of	~에도 불구하고, ~에 직면하여
for the time being	당분간
in (the) light of	~의 견지[관점]에서, ~을 고려하여
cope with	대처하다
nothing more than	~뿐, ~에 불과한
nothing less than	~과 다름없는, ~만이
in terms of	~에 관하여, ~의 측면[관점]에서
attribute A to B	A의 원인을 B에 돌리다, (A의) 작자를 B라고 하다
so far	지금까지, 현재까지
at most	많아야, 기껏해야
by the way	(화제를 바꿀 때) 그런데
as [so] far as	~인 한, ~까지
as [so] long as	~하는 동안, ~한다면
feel like ~ing	~을 하고 싶다
to begin [start] with	우선, 첫째로
tend to	~하는 경향이 있다, 돌보다
help oneself to	~을 마음대로 먹다
anything but	결코 ~아니다, ~이외는 무엇이든지

refrain from	~을 삼가다
occur to	떠오르다, 생각나다
feed on	~을 먹고 살다
lead to	~으로 통하다, ~ 결과를 가져오다
deal with	다루다, 처리하다
persist in	고집하다
insist on	강력히 요구하다, 조르다, 강하게 주장하다
agree with [to]	동의하다, (음식, 기후가) 적합하다
think of A as B consider A as B	A를 B로 여기다
be content(ed) with	~에 만족하다
be proficient in [at]	~에 능숙하다
in advance	미리
in the long run	결국
to be frank (with you)	솔직히 말해서
have nothing to do with	~와 관계가 없다
at the mercy of	~에 좌우되는, ~의 마음대로 되는
be independent of	~로부터 독립하다
be responsible for	~에 책임이 있다, ~의 원인이 되다
correspond with	~와 편지왕래하다, 일치하다
tell A from B	A와 B를 구별하다
thanks to	~덕택에, ~때문에
account for	설명하다, 차지하다
no more than	다만 ~뿐, 겨우
not more than	기껏해야, 많아야
no less than	~와 마찬가지로, (수, 양이) ~나 되는
not less than	적어도

no less A than B	B만큼 A이다
not less A than B	B에 못지않게 A이다
be due to	당연히 지불해야 한다, ~ 때문이다
be equal to	~을 감당할 능력이 있다
interfere with	방해하다
accuse A of B	A가 B하다고 비난하다, A가 B한 것을 고발하다
apply A to B	A를 B에 적용[응용]하다
provide A with B	A에게 B를 공급[제공]하다
in charge of	~을 맡고 있는, 담당인
attend on	~를 간호하다, 시중들다
attend to	주의하여 듣다, 전념하다, 돌보다
hit on	생각해내다
by nature	선천적으로, 본래
distinguish A from B	A와 B를 구별하다
be familiar with + 사물	~을 잘 알고 있다
be familiar to + 사람	
be sensitive to	~에 민감하다
replace B with A	B대신 A를 쓰다
derive A with B	B로부터 A를 얻다
attach A to B	A를 B에 붙이다
on condition that	~라는 조건으로
according to	~에 따라서, ~에 의하면
on earth in the world the hell [devil]	(의문사 강조) 도대체
sum up	요약하다, 평가하다
be good for	유효하다, 효험이 있다

as well	또한
on behalf of	~을 위하여
and so on and so forth	등등
in regard to	~에 관하여
above all	무엇보다도
in case	~일 경우, ~일지도 모르니까, ~일 경우에 대비해서
whether A or B	A이건 B이건 간에
compare A with B	A를 B와 비교하다
compare A to B	A를 B에 비유하다, A를 B에 견주다
so as to	~하기 위해, ~하도록
be to	(예정) ~하려고 한다 (의무) ~해야 한다 (가능) ~할 수 있다 (운명) ~할 운명이다 (소망) ~하고 싶어하다
in favor of	~을 찬성하는, ~에 유리한[하게]
be aware of	알고 있다
rely on	~에 의지하다, ~을 믿다
B as well as A	A뿐만 아니라 B도
for nothing	공짜로, 헛되이, 공연히
believe in	~의 존재를 믿다, 좋다고 생각하다, 믿다
speak ill of	~을 험담하다
be used to(명사 or ~ing)	~에 익숙하다
used to 동사원형	~하곤 했다
be used to 동사원형	~하는 데 사용되다
not A but B	A가 아니고 B이다
figure out	계산하다, 이해하다

as a matter of fact	사실
work out	(문제를) 풀다, 결과가 ~이 되다
major in	전공하다, 전문으로 하다
carry on	~을 계속하다
sound like	~처럼 들리다
in view of	~을 고려하여, ~이 보이는 곳에
furnish A with B	A에게 B를 공급하다
act on	작용하다, ~에 따라 행동하다
result in	결과를 가져오다
in addition to	그밖에
let go (of)	놓다
pick out	고르다
pick up	얻다, 마중나가다, 호전되다
lay off	해고하다
fill out	기입하다
lay out	설계하다
try out	시험적으로 써 보다
drop out	중도에 그만두다
in person	직접
in demand	수요가 많은, 인기있는

Q 다음 밑줄 친 부분에 들어갈 표현으로 가장 적절한 것을 고르시오. 【1~4】

1

> The source of this economic paralysis are somewhat different in the two countries. In Japan, a combination of highly constraining social patterns, consensus-based decision making and an ossified political process have suppressed new ideas and made the country resistant to change. In the U.S., there is no shortage of fresh thinking, debate and outrage—the paralysis is caused by _____ of consensus on how problems should be tackled. In a rich nation like the U.S., it's easy to be fooled into thinking there's always more time for problems to get solved. So it has been in Japan. The Japanese are wealthy enough that they don't suffer too much from the prolonged period of stunted growth.

① a lack   ② a variety

③ a number   ④ a ground

Tip 》》 일본과 미국에서의 마비의 근원을 비교하고 있다. 일본에서는 제한적이고 경직된 사회구조로 인해 마비가 온다고
하였고, 미국에서는 이와 반대로 합의의 부족에서 마비가 온다고 보고 있다.
① a lack of ~의 부족
② a variety of 다양한
③ a number of 많은
④ a ground of ~의 근원

「이 경제적인 마비의 근원은 두 나라가 다소 다르다. 일본에서는 매우 제한적인 사회적 패턴과 합의에 근거한 의사 결정과
경직된 정치적인 과정은 새로운 아이디어를 억제하고 나라가 변화에 저항하도록 만든다. 미국에서는 신선한 사고, 논쟁,
격분이 부족하지는 않다. 즉, 마비는 어떻게 문제들이 해결될 것인지에 관한 합의의 (부족)으로부터 야기된다. 미국과 같이
부유한 나라에서는 항상 문제를 해결하기 위한 시간이 더 많다고 속임수에 넘어가기 쉽다. 일본에서는 그랬다. 일본사람들
은 충분히 부유해서 장기적인 성장지연으로 많이 고통을 받지는 않는다.」

2

> A : Are you finished with your coffee? Let's go do the window display.
> B : I did it earlier. Let's go see it.
> A : Are you trying to bring customers in and scare them away?
> B : That bad? You know, _____ when it comes to matching colors.
> A : Don't you know navy blue never goes with black?
> B : Really? I didn't know that.

① every minute counts
② I'm all thumbs
③ failure is not an option
④ I jump on the bandwagon

Tip >> 진열에 대한 A의 직접적인 평가에 B가 변명하는 상황이다.
    ① 초를 다투다
    ② 손재주가 없다, 서툴다
    ③ 실패란 없다
    ④ 시류에 편승하다, 유행을 따르다

「A : 커피 다 마셨어? 가서 쇼윈도 상품 진열한 것 좀 보자.
B : 아까 다 마셨지. 가서 보자.
A : 너 오는 손님을 겁줘서 내쫓으려는 거야?
B : 그렇게 안 좋아? 알잖아, 내가 색깔 맞추는 것에 서툴다는 것.
A : 감청색은 검정색과 절대 안 어울린다는 거 몰라?
B : 정말? 몰랐어.」

Answer >>   1.① 2.②

3

M : Would you like to go out for dinner, Mary?

W : Oh, I'd love to. Where are we going?

M : How about the new pizza restaurant in town?

W : Do we need a reservation?

M : I don't think it is necessary.

W : But we may have to wait in line because it's Friday night.

M : You are absolutely right. Then, I'll _____ right now.

W : Great.

① cancel the reservation   ② give you the check

③ book a table   ④ eat some breakfast

Tip ≫ 메리의 금요일 밤이라 줄을 서서 기다려야 할지도 모른다는 말에 동의하고 난 뒤 하는 행동이므로 '자리를 예약하다'라는 뜻의 'book a table'이 들어가야 한다.

  ① 예약을 취소하다   ② 당신에게 계산서를 보내겠습니다

  ③ 자리를 예약하다   ④ 아침을 조금 먹다

「M : 메리, 저녁은 나가서 먹을까?

W : 좋아, 어디로 갈까?

M : 시내에 새로 생긴 피자가게 어때?

W : 우리 예약해야 할까?

M : 그럴 필요없을 것 같아.

W : 그런데, 오늘은 금요일 저녁이라서 줄서서 기다려야 할지도 몰라.

M : 그래, 당장 예약할게.

W : 좋아.」

4

The latest move to _____ a recession saw another reduction in the interest rates last night—the second cut in only eight days. The Central Bank also indicated that further cuts could be enforced.

① hit on   ② persist in

③ thanks to   ④ stave off

Tip ① 생각해내다 　　② 고집하다
③ ~덕택에, ~때문에 　④ 저지하다, 방지하다

「경기침체를 막고자 하는 최근의 움직임으로 인해 지난밤에 또 한 차례 이자율 인하를 불러왔다. -이는 단 8일만의 두 번째 인하가 된다. 중앙은행은 또 한번 추가 인하가 단행될 것이라고 지적하였다.」

5 (A), (B), (C)의 각 네모 안에서 문맥에 맞는 낱말로 가장 적절한 것은?

> The American weekly news magazine Time has named Russia's president Vladimir Putin as its 2007 Person of the Year. He won the award for bringing (A) facility / stability to Russia at a time when it was experiencing chaos. Time's editor Richard Stengel said the magazine chose Putin because of his "extraordinary (B) attainment / attachment of leadership" in restoring Russia as a world power. President Putin is hugely popular in Russia. He has (C) reformed / conformed the economy and created great wealth. His critics, however, accuse him of being undemocratic and having too much control over the media.

	(A)	(B)	(C)
①	facility	attainment	reformed
②	facility	attachment	conformed
③	stability	attainment	conformed
④	stability	attainment	reformed

Tip (A) facility는 '시설, 쉬움, 재주'를 뜻하고 stability는 '안정, 안정성'을 의미하므로 stability가 옳다.
(B) attainment는 '위업, 공적'의 뜻을 attachment는 '부착, 집착'의 뜻을 의미하므로 attainment가 옳다.
(C) reform은 '개혁하다'의 뜻을 conform은 '따르다, 순응시키다'의 뜻이므로 문맥상 reformed가 옳다.

「미국의 뉴스 주간지인 타임지가 러시아의 Vladimir Putin 대통령을 2007년의 인물로 선정했다. 그는 혼란기의 러시아에 안정을 가져온 것 때문에 수상을 했다. 타임지의 편집자인 Richard Stengel은 잡지가 Putin을 선택한 이유는 러시아를 세계적인 강대국으로 부활시킨 그의 '탁월한 지도 업적' 때문이라고 말했다. Putin 대통령은 러시아에서 대단히 인기가 있다. 그는 경제를 개혁했고 큰 부를 창출했다. 그러나 그를 비평하는 사람들은 비민주적이고 언론을 지나치게 많이 통제한다고 그를 비난한다.」

Answer 》 3.③ 4.④ 5.④

Q 밑줄 친 부분의 의미로 알맞은 것을 고르시오. 【6~15】

6

> I'm proud that my sister <u>is good at</u> speaking English.

① 잘하다   ② 돌보다
③ 싫어하다   ④ 무시하다

> **Tip 》** proud 자랑스러운, 자부심이 강한 be good at ~에 능숙하다, ~을 잘하다
> 「나는 내 여자 형제가 영어 말하기를 잘 하는 것을 자랑스럽게 여긴다.」

7

> Sometimes this machine doesn't work. I have to <u>fix</u> it.

① 설계하다   ② 수리하다
③ 운반하다   ④ 발표하다

> **Tip 》** work 작동하다, 작용하다 fix 고치다, 수리하다, 치료하다
> 「때때로 이 기계는 작동하지 않는다. 나는 그것을 수리해야 한다.」

8

> We <u>look up to</u> Ms. Grace for her honesty and courage.

① 경계하다   ② 고용하다
③ 보살피다   ④ 존경하다

> **Tip 》** look up to 존경하다
> 「우리는 그레이스 씨의 정직함과 용기를 존경한다.」

9

The government will <u>announce</u> the new plan tomorrow.

① 취소하다　　　　　　　　　② 변경하다

③ 조사하다　　　　　　　　　④ 발표하다

Tip ≫ announce 발표하다, 알리다

「정부는 새로운 정책을 내일 발표할 것이다.」

10

Would you give me a <u>tip</u> for making the traditional Korean chicken soup?

① 시간　　　　　　　　　　② 비결

③ 음식　　　　　　　　　　④ 그릇

Tip ≫ tip 정보, 비결

「삼계탕을 만드는 비결을 알려주시겠어요?」

11

A : Hi. I haven't seen you <u>in ages</u>. How have you been?

B : Fine. I've been busy practicing the piano.

① 오랫동안　　　　　　　　　② 잠시 동안

③ 나이가 들어서　　　　　　　④ 나이가 어려서

Tip ≫ in ages 오랫동안

「A : 안녕. 오랜만이다. 어떻게 지냈어?

B : 잘 지냈어. 요즘 피아노 연습하느라 바빴어.」

Answer ≫ 6.① 7.② 8.④ 9.④ 10.② 11.①

12

Jane wants to travel <u>abroad</u> this summer.

① 우주로　　　　　　　　　② 미래로
③ 해외로　　　　　　　　　④ 꿈속으로

  Tip 》 abroad 해외에

   「제인은 이번 여름에 해외로 여행가기를 원한다.」

13

I can't <u>figure out</u> how to start the machine.

① 듣다　　　　　　　　　　② 원하다
③ 좋아하다　　　　　　　　④ 이해하다

  Tip 》 figure out 알다, 이해하다

   「나는 그 기계를 어떻게 작동시키는지 이해할 수 없다.」

14

She is overweight and has to <u>lose weight</u>.

① 살을 빼다　　　　　　　② 기억을 잃다
③ 무게를 재다　　　　　　④ 역기를 들다

  Tip 》 overweight 과체중의, 비만의

   「그녀는 과체중이라서 살을 빼야 한다.」

15

> Economic growth <u>improves</u> the average standard of living.

① get better   ② pick up

③ have back   ④ pull out

> **Tip** 》 improve 나아지다, 향상시키다
> ① 좋아지다, 호전되다 ② 집다, 마중 나가다 ③ 돌려받다 ④ 꺼내다, 끌어내다
> 「경제성장은 평균생활수준을 향상시킨다.」

16 다음에 주어진 사전 뜻풀이 가운데, 밑줄 친 settle의 의미로 가장 적절한 것은?

> Some brandy would <u>settle</u> his spirits.

① to come to an agreement

② to go to the bottom

③ to move in, to make a home

④ to become comfortable

> **Tip** 》 settle 놓다, 설치하다, 자리 잡다, 정착하다, (조건 등을) 결정하다, 안정시키다, 진정시키다, 가라앉다 spirit 정신, 영혼, 기분(spirits)
> ① 의견의 일치를 보다, 합의에 도달하다, 협정이 성립하다
> ② 가라앉다, 탐구하다
> ③ 이주하다, 정착하다, 거주하다
> ④ 편안해지다
> 「약간의 브랜디가 그의 기분을 가라앉힐 것이다.」

Answer 》 12.③ 13.④ 14.① 15.① 16.④

17 다음 두 문장의 뜻을 함께 지니고 있는 낱말은?

> • a hard growth on an animal's head
> • a kind of musical instrument

① hawk   ② horse
③ hair   ④ horn

18 다음 (   ) 안의 말과 밑줄 친 부분의 뜻이 일치하지 않는 것은?

① They tried to <u>do away with</u> old conventions(= abort).
② They <u>held over</u> their meeting(= postponed).
③ He was <u>brought up</u> by his aunt(= raised).
④ He was <u>called down</u> by his father(= scolded).

19 다음 단어들이 의미하고 있는 것은?

> sad, glad, angry, bored

① 식물   ② 음식
③ 국가   ④ 느낌

Tip 》 ④ 모두 감정에 대한 느낌을 나타내고 있다.
sad 슬픔, glad 기쁜, angry 화난, bored 지루해하는

20 다음 글에서 'I'가 가리키는 것은?

> My body is metal. I have two big ears. I have two long legs. My legs are very sharp. I cut clothes or paper with my legs.

① fork   ② knife

③ glasses   ④ scissors

Tip 》 sharp 날카로운, 예리한, 급격한   cloth 옷
① 포크   ② 칼   ③ 안경   ④ 가위
「나의 몸은 금속이다. 나는 두 개의 큰 귀를 가지고 있다. 나는 두 개의 큰 다리를 가지고 있다. 나의 다리는 매우 날카롭다. 나는 다리로 옷이나 종이를 자른다.」

21 밑줄 친 'They'가 가리키는 것은?

> They are very smart animals. They have four long legs and two big ears. They pull the cart and people ride on them. They eat carrots. They are cousins of horses.

① dogs   ② rabbits

③ monkeys   ④ donkeys

Tip 》 pull 끌다, 당기다   cousin 사촌, 친척
① 개   ② 토끼   ③ 원숭이   ④ 당나귀
「그들은 매우 영리한 동물이다. 그들은 네 개의 긴 발, 두 개의 큰 귀를 가지고 있다. 그들은 수레를 끌고, 사람들은 그들을 탄다. 그들은 당근을 먹는다. 그들은 말의 사촌이다.」

Answer 》 17.④ 18.① 19.④ 20.④ 21.④

22 다음 단어들을 모두 포함할 수 있는 것은?

> head, shoulder, foot, leg

① body
② food
③ flower
④ country

> **Tip** ≫ head 머리, 고개 shoulder 어깨 foot 발 leg 다리
> ① 몸, 신체
> ② 음식
> ③ 꽃
> ④ 국가, 나라

23 다음 설명에 해당하는 동물은?

> • It is very tall.
> • It has a very long neck.

① 코끼리
② 호랑이
③ 기린
④ 사자

> **Tip** ≫ 「• 매우 키가 크다.
> • 매우 긴 목을 가지고 있다.」

24 다음 시가 표현하고 있는 계절은?

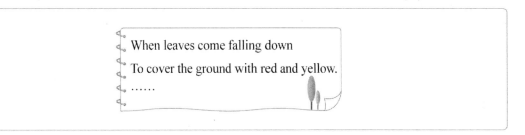

When leaves come falling down
To cover the ground with red and yellow.
……

① spring　　　　　　　　　　② summer
③ autumn　　　　　　　　　　④ winter

> **Tip 》** ① 봄　② 여름　③ 가을　④ 겨울
> 「나뭇잎이 떨어질 때
> 　지면이 붉고 노란 것으로 덮인다.」

25 다음에서 'He'의 직업은?

• He works in the fields.
• He grows rice and vegetables.

① player　　　　　　　　　　② farmer
③ pianist　　　　　　　　　　④ fire fighter

> **Tip 》** ① 운동선수　② 농부　③ 피아니스트　④ 소방관
> 「• 그는 들판에서 일한다.
> 　• 그는 쌀과 채소류를 재배한다.」

Answer 》》　22.① 23.③ 24.③ 25.②

CHAPTER 05 생활영어

① 인사 · 소개 · 안부

(1) 인사말

① 오랜만이에요!

- Hi, Long time no see. 오래간만입니다.
- Hello, Bill! I haven't seen you for a (long time) while. 안녕, 빌! 오래간만이야.
- I haven't seen you in years. 몇 년 만에 만나 뵙는군요.
- What a pleasant surprise! I haven't see you for a while. 어머, 오랫만이야.

② 만나서 반가워요!

- It's good to see you again. 다시 만나서 반갑습니다.
- Our paths have finally crossed. 또 만나게 되었군요.

③ 잘(어떻게) 지내셨어요?(안부 묻기)

- Hi, there! 잘 있었니. (친한 사람끼리)
- How is it going? / How are things going? / How are you doing?
  어떻게 지내십니까?
- What's up? 어때?
- How are you feeling today? / How do you feel today? 오늘 기분은 어때?
- How's everything with you? 만사가 잘 되어 갑니까?
- How have you been (doing, feeling)? 어떻게 지냈어요?
- What's new? 별고 없으십니까?
- What have you been up to lately? 최근까지 어떻게 지내셨습니까?

④ 안부 묻기에 대한 응답

- (I'm) Fine. Thank you. / Great! / Things are going well. 잘 지내요.
- Nothing much. / Just so so. / Well, about the same. 그냥 그래.
- So far so good. 지금까지는 그럭저럭 지냈어요.
- I can't complain too much. 그럭저럭 지내요.

(2) 초면대화

① 처음 뵙겠습니다.
- How do you do? / I'm glad to meet you. 처음 뵙겠습니다. 만나서 반가와요.
- How do you do? / Glad to meet you, too. 처음 뵙겠습니다. 저도 역시 만나서 반가와요.
- I'm pleased to meet you. 만나서 반갑습니다.
- The pleasure is all mine. 오히려 제가 기쁩니다.

② 소개하기
- May I introduce myself? 제 소개를 할까요?
- Let me introduce myself. 제 소개를 드리겠습니다.
- Let me introduce my friend, Mr. John. 제 친구 미스터 존을 소개하죠.
- Mr. Johnson often speaks of you. 미스터 존이 당신에 대해 자주 말씀하셨습니다.

③ 세부사항 묻기
- May I have your name, please? 성함이 어떻게 되시죠?
- What's your nationality? 국적이 어디시죠?(어느 나라 분이십니까?)

④ 전에 뵌 적이 있어요.
- I think I've seen you before. 전에 한번 뵌 적이 있는 것 같습니다.
- Haven't we met before? 전에 만난 적이 있는 것 같은데요.
- I must have seen you somewhere before. 예전에 당신을 어디선가 뵌 것 같습니다.
- Your face is so familiar. 얼굴이 굉장히 낯이 익은데요.
- You look very familiar. 친숙해 뵈는데요.

(3) 작별인사

① 잘 있어요.
- See you later. / I'll be seeing you! 다음에 뵙겠습니다.
- I'll see you then. 그럼 그 때 뵙겠습니다.
- Have a good day. 즐거운 하루 보내세요.
- Take care (of yourself). / Take it easy! 안녕히 계세요(살펴 가세요).
- Enjoy yourself! / Have fun! 재미있게 보내!
- Goodbye and keep well. 잘 있어요. 몸 건강하게.

② 가야 할 시간이에요.

- I enjoyed myself very much. 마음껏 즐겼습니다.
- It's time to say goodbye and go home. 이젠 작별하고 집에 돌아갈 시간이네요.
- Well, I'd better be on my way. / I've got to be on my way. / Now I gotta be off.
  그럼, 저 갈게요.
- I'm afraid I've got to go. 가 봐야 할 것 같네요.
- I'm afraid I stayed too long. 너무 늦은 것 같군요.(너무 오래 있었네요.)
- Can't you stay a little longer? 좀 더 계시다 가시면 안 돼요?

③ 다음에 다시 만나요.

- Let's get together soon. 조만간에 다시 한자리 만듭시다.
- Can we meet again? 다시 만날 수 있을까요?
- Let's meet more often. 좀 더 자주 만납시다.
- I'll keep in touch. / Stay in touch. / Let's keep in touch. 종종 연락할게요.

④ 안부 전하기

- Please give my best regards to your sister. 당신의 누이에게 안부 좀 전해 주세요.

❷ 사과 · 감사 · 칭찬 · 격려

(1) 사과의 말

① 죄송합니다.

- I beg your pardon? / Pardon me. 죄송합니다. 실례했습니다.
- I'm sorry about that. 그 점 미안합니다.
- Excuse me for being late. 늦어서 미안합니다.
- Please forgive me for being late. 늦은 것 용서해 주세요.

② 제 잘못이에요.

- I can only blame myself. / It was my fault. 단지 제 탓이죠.
- I'm sorry, I couldn't help it. 미안해요, 어쩔 수가 없었어요.
- I don't want to bother you. / I don't want to get in your way.
  폐를 끼치고 싶지 않습니다.
- I hope I didn't offend you. 기분을 상하게 해드리지는 않았는지 모르겠네요.

- I messed it up. 제가 망쳐 놓았어요.
- That was careless of me. 그건 저의 부주의 탓이었어요.
- My intentions were good. 고의로 그런 게 아닙니다.
- I really didn't mean it at all. 그럴 생각은 추호도 없었습니다.

③ 사과에 대한 응답
- That's all right. / That's ok. 괜찮아요.
- Don't worry about that. 그건 걱정하지 마세요.
- Never mind. 신경 쓰지 마세요.
- No problem. 그까짓 것 문제될 것 없습니다.

(2) 감사의 말

① 감사합니다.
- Thank you for everything. 그저 감사할 따름입니다.
- Thank you very much indeed. 정말 감사합니다.
- You're doing me a big favor. 제가 큰 은혜를 입었습니다.
- I appreciate it very much. 그 점 정말 고맙게 생각합니다.
- I would appreciate it. 그렇게 해 주시면 감사하겠습니다.
- It's kind of you to say that. / How kind of you to say so.
  그렇게 말씀해 주시니 감사합니다.
- I don't know how to thank you enough. 어떻게 감사를 드려야 할지 모르겠군요.
- How can I ever thank you? 어떻게 감사를 드려야 할지 모르겠어요.
- I can never thank you enough. 얼마나 감사한지 모르겠어요.
- Couldn't be better. 더할 나위 없이 좋았습니다.
- You're a lifesaver. 당신은 생명의 은인입니다.

② 감사에 대한 응답
- You're welcome. 천만에요.
- Don't mention it. / Not at all. 별 말씀을요.
- The same to you. 당신도요.
- You're more than welcome. 천만에요 (강조)
- The pleasure is all mine. 천만의 말씀입니다.
- It's my pleasure. 제가 오히려 고맙죠.
- Thanks just the same. 저도 마찬가지로 감사합니다.

(3) 칭찬의 말

① 잘했어요!

- You did a fine job. 참 잘하셨어요.
- You are coming along well. 아주 잘 하고 있어요.
- It's so very nice. 그거 정말 좋은데요.
- That's beautiful!(wonderful, great) 멋있군요.(굉장하군요. 놀랍군요)
- That's very nice of you. 친절도 하시네요.
- That's the way. 그렇지요, 그렇게 해야지요.
- I am very proud of you. 나는 당신이 자랑스럽습니다.
- You are the right man for the job. 당신은 이 일에 안성맞춤입니다.
- You must be a man of ability. 당신은 능력이 대단하시군요.
- You've got it! 맞아요, 바로 그거예요 !
- You must be a walking encyclopedia. 당신은 모르는 게 없군요.
- You are a cut above me. 네가 나보다는 한 수 위야.

② 외모 칭찬하기

- You look young for your age. 나이에 비해 젊어 보이시는 군요.
- You are well-built. 신체가 좋습니다.
- You look fit. 건강해 보이시는 군요.
- How do you keep fit? 어떻게 그렇게 건강하십니까?
- You're all dressed up. 자네 굉장하게 차려입었군.
- That tie goes well with your suit. 그 타이는 당신 옷에 잘 어울립니다.
- It really looks good on you. 그것은 정말 당신한테 잘 어울립니다.

(4) 격려의 말

① 힘내!

- Come on, you can do that. 자, 힘을 내. 너는 할 수 있어.
- I bet you can make it. 당신은 틀림없이 해낼 수 있을 것이라고 믿어요.
- Cheer up! 기운 내!
- Good luck! 행운을 빌겠어요.
- Be of better cheer! 좀 더 힘내세요.
- Everything will be fine. 모든 게 잘될 것예요.
- Be assured. 안심해.

② 격려(조언)하기

- Never say die. 낙담하지 말아요.
- That's easy. 그것은 문제없어요.
- That's very simple. 그것은 문제도 안 돼요.
- You have nothing to worry about. 걱정할 것 하나도 없어요.
- Think nothing of it. 부담스럽게 생각하지 마세요.
- Such is the life! 인생은 다 그런 거예요.
- It's a piece of cake. 누워서 떡먹기예요.
- You are the apple of my eye. 내가 보기에 너는 대성할 사람 같아.
- It is not as difficult as it looks. 보기보다 어렵지 않아요.
- It is impossible to associate failure with you. 당신은 결코 실패할 리 없어요.

❸ 결심 · 충고 · 부탁 · 의견

(1) 결심의 말

- I have to. It's a once in a lifetime opportunity (deal).
  그래야죠. 일생에 한번 있을까 말까 하는 기회니까요.
- You should. You'll never have a chance like this again.
  그래야죠. 이런 기회가 없을지 모르거든요.
- I swear my lips are sealed. 절대 입 밖에 내지 않기로 맹세 할게요.
- I made up my mind to become a writer. 나는 작가가 되기로 결심했어요.
- I'll perform to the best of my ability if the opportunity is given.
  기회가 주어진다면 최선을 다하겠습니다.
- I'll do better than my best. 저는 최선을 다해 한번 해 볼 겁니다.
- What man has done, I can do. 남이 하는 일이면 나도 할 수 있어요.
- I had my heart set on going. 나는 굳게 결심했어요.
- Just wait and see. 두고 보십시오.

(2) 충고의 말

① 조심해!

- Be careful! 조심하세요!
- Watch out! 조심하세요!(한눈을 팔 때 차가 지나갈 경우)
- Watch your step! 발 조심 하세요!(계단 조심하세요!)
- Look out for the children on bicycles. 자전거 타는 아이들에 주의하세요.

② 충고하기

- Don't lose your temper. 화를 내지 마세요.
- That's not nice. 그러면 안 돼요.(상대방이 욕을 하거나 거칠 때)
- You shouldn't do this. 이러시면 안 되는 데요.
- Don't let me down. 나를 실망시키지 마세요.
- Keep that in mind. 잊지 말고 기억하세요.
- Pocket your pride. 자존심을 버리세요.
- Don't stand in my way. 방해하지 마세요.
- Calm down! / Cool it! / Be cool. 진정하세요.
- Take a chance. 모험을 하세요.
- Get out of my way! / Clear the way! 길을 비켜라!
- Be all you can be. 최선을 다해라.
- Shame on you for giving up! 포기하다니, 부끄럽지 않니?
- I'll have you know! 알아두세요!
- You have hundred lines. 왜 한 눈 팔고 있어?
- Don't throw your money around! 돈을 낭비하고 다니지 마라!

(3) 부탁의 말

① 도와주시겠어요?

- Would you do me a favor? 제 부탁 하나 들어 주시겠습니까?
- May I ask a favor of you? 부탁 좀 들어 주실래요?
- Would(Can) you give me a hand? 저 좀 도와주시겠어요?
- Can I count on your help? 댁의 도움에 의지할 수 있을 까요?

② 부탁하기

- May I ask you a question? 질문을 해도 되나요?
- May I join you? 제가 좀 끼어도 될까요?

- May I trouble you for a light? 불 좀 빌려 주시겠어요?(성냥 따위)
- Could you spare me a few minutes? 잠깐 시간 좀 내 주시겠어요?
- Would you mind opening the door, please? 문 좀 열어 주시겠어요?
- Can you keep an eye on my bag? 제 가방 좀 봐 주시겠어요?
- Can you save my place? / Would you mind keeping an eye on my seat?
  제 자리 좀 봐 주시겠어요?
- Please show me how to handle this machine. 이 기계의 조작법을 좀 가르쳐 주세요.
- Would you give me a lift? 차 좀 태워 주시겠어요?
- Could you just look over this? 이것을 한번 훑어봐 주시겠습니까?
- Please make sure. 확인 좀 해 주세요.

⑷ 의견 묻기

① 어떻게 생각하세요?
- What do you think about this? 이것에 대해 어떻게 생각하세요?
- What would you do if you were in my place?
  당신이 만일 내 처지라면 어떻게 하겠는가?

② 무슨 말이죠?
- What are you getting at? 무슨 말을 하려는 거죠?
- What do you have in mind? 하려는 말이 뭐죠?
- What do you mean by that? 그게 무슨 말이죠? (무슨 의미로 한 말이죠?)
- What would you like to say? 무슨 말을 하려는 거죠?
- Can you fill me in? 내게 설명 좀 해 주시겠어요?

③ 제가 한 말 알겠어요?
- Do you understand what I mean? 제 말 알겠어요?
- Do you get me? / Get it? / You see that? 내가 한 말 알아들었나요?

④ 상대방의 의사 확인하기
- How soon will it be over? 얼마나 있으면 끝날까요?
- What do you have in common? 공통점이 뭔가요?
- Are you through? 끝났습니까?
- Can you make it on time? 제때에 갈 수 있겠어요? 해낼 수 있겠어요?
- Which side are you on? 당신은 어느 쪽 편입니까?
- Can this be true? 이게 정말 그럴까요?

- Are you sure about that? 그게 확실한가요?
- Can you come up with an idea? 좋은 생각이 떠오르세요?

(5) 긍정의 의견

① 동의합니다.(찬성합니다.)
- I agree with you. 나도 당신과 같은 의견입니다.
- I'm in favor of the plan. 나는 그 계획에 찬성합니다.
- That sounds reasonable. 그럴 듯하게 들리네요. (그럴 만도 하네요.)
- That's what I said. 나도 그렇게 말했어요.
- I mean exactly what I say. / I mean it. 정말이야. 내가 말한 그대로야.
- That's fine with me. 저는 좋아요.(나는 괜찮아요.)
- I'll bet you're right. 당신이 옳은 것 같아요.
- You can say that again. 당신 말이 백 번 맞아요.(누가 아니래요)
- That sounds (smells, testes, feels, looks) fine.
  듣기에(냄새가, 맛이, 느낌이, 보기에) 훌륭한데요.
- No doubt about it. 그건 의심의 여지가 없어요.
- That's good enough. 그 정도면 충분합니다.
- Oh! I see what you mean. 아! 무슨 말인지 알았어요.
- That figures! 이제야 알 만해요. (그러면 그렇지).
- I get the picture. / I can dig it. 알겠습니다.
- Sure, with pleasure. 물론, 기꺼이 그렇게 하겠습니다.
- That's understandable. 이해할 만하네요.

② 좋으실 대로 (마음대로)하세요.
- Go right ahead. 그렇게 하세요.
- Be my guest. / Suit yourself. 좋으실 대로 하세요.
- No problem. / No sweat. 문제없어요.(괜찮아요)
- Why not? 물론이지요.
- It's up to you. 당신에게 달려 있습니다.
- It's all right by me. 전 상관없어요.
- Either will be fine. 둘 중 어떤 것이라도 좋아요.
- I don't care at all. 전 전혀 신경 안 써요.(상관없어요.)

(6) 부정의 의견

① 반대합니다.

- Far from it. 저하고는 거리가 멉니다.
- Not necessarily. 반드시 그럴 필요는 없어요.
- Chances are slim. 가망이 없어요.
- I'm dead set against it. 나는 결사반대입니다.
- I don't feel up to it. 마음이 내키지 않아요.
- I can't come around to your way of thinking. 당신 생각에는 동조할 수 없어요.
- I see your point, but I still can't agree with you.
  무슨 말인지 알아듣겠지만, 그래도 나는 찬성할 수 없어요.
- You're dead wrong. 너는 완전히 틀렸다.

② 잘 모르겠어요.

- I'm sorry, but I'm not with you. 미안하지만, 너의 말을 이해할 수 없어.
- I don't quite understand your point. 난 당신의 관점을 충분히 이해를 못 하겠습니다.
- No, I can't get the hang of it. 아니요, 도무지 감이 잡히지 않아요.
- I doubt it. 글쎄, 정말 그럴까요?

③ 부정적 의사 표현

- That's a big problem. 그게 큰문제이군요.
- I can't help it. 저로서는 어쩔 수 없군요.
- It is not necessarily so. 반드시 그렇지는 않아요.
- It won't make any difference. 그것도 마찬가지일 거예요.
- There's no way out. 구제불능이군요.
- That's another pair of shoes. 그건 전혀 별개의 문제입니다.
- I think this is defective. 이것은 결함이 있는 것 같아요.
- The fact does not bear on this subject. 그 사실은 이 문제와 관계가 없어요.

(7) 감정표현

① 감정(상태) 묻기

- Did you have something on your mind? 걱정되는 일이 있었나요?
- Why are you so cross today? 오늘 왜 그렇게 시무룩하니?
- What's the matter? Don't you feel well? 왜 그러세요? 몸이 편찮으세요?

- You look tired. Had a big night? 몹시 피곤해 보이는데, 간밤에 늦도록 신나게 놀았니?
- Have gotten over your cold? 감기는 다 나았니?
- How come you look so tired? 피곤해 보이는데 웬일인가요?
- You look under the weather today. 오늘 기분이 언짢아 보이는데.
- You look terrible. 안색이 형편없군요.

② 감정(상태) 대답하기

- I'm not feeling myself today. / I'm not myself today. 오늘 제가 제 정신이 아니군요.
- I'm feeling under the weather today. 저는 오늘 몸이 좋질 않습니다.
- I don't feel up to par this afternoon. 오늘 오후에 몸이 좀 이상하군요.
- Are you pulling my leg? 놀리시는 겁니까?
- I thought the price was ridiculous. 값이 너무 터무니없이 비싼 것 같았어요.
- I tossed and turned all night. / I was all over the bed. 밤 새 한 잠도 못 잤습니다.
- I'm under a lot of pressure at work. 저는 일에 많이 시달리고 있어요.

❹ 길 안내 · 약속 · 날씨

(1) 길 안내

① 길 좀 알려주시겠어요?

- Would you show(tell) me the way to the station?
  역으로 가는 길 좀 가르쳐 시겠어요?
- Could you tell me where the railroad station is?
  기차역이 어디 있는지 가르쳐 주시겠어요?
- How do I get to your house? 당신 집에 가려면 어떻게 가야합니까?
- Excuse me, but where is the nearest subway station ?
  미안하지만 가장 가까운 지하철역이 어디에 있습니까?
- Could you draw a map of how to get there for me?
  그곳으로 가는 약도를 좀 그려 주시겠습니까?
- I'm looking for a post office. 우체국을 찾고 있어요.

② 위치, 방향 묻기
- What floor are we on? 여기가 몇 층입니까?
- Where is this bus bound for? 이 버스는 어느 방향으로 가는 버스죠?
- What's the location? 위치가 어디쯤 됩니까?
- Which way is the shortcut to New Jersey? 어느 길이 뉴져지로 가는 지름길인가요?
- Are there any gas station around here? 이 근처에 주유소가 있습니까?

③ 거리, 시간, 요금 묻기
- How far is it? 거리가 얼마나 됩니까?
- How long does it take by taxi? 택시를 타면 얼마나 걸립니까?
- How often do the buses run? 버스는 몇 분마다 떠납니까?
- What's the bus fare? 버스 요금은 얼마입니까?
- How many stops away is the Central Park?
  센트럴 파크 까지 몇 정거장을 가야 합니까?
- Do I have to transfer? 갈아타야 합니까?

④ 도움주기
- Which way are you going? 어느 쪽으로 가십니까?
- Why don't you look it up on the map? 지도에서 찾아보시지 그래요?
- May I show you? 제가 안내해 드릴까요?

⑤ 위치, 방향 안내하기
- Go straight. / It's straight ahead. 곧바로 가세요.
- Keep straight on. 계속 똑바로 가세요.
- It's the first street straight ahead. 곧장 가셔서 첫 번째 마주치는 길에 있습니다.
- Turn right at the intersection. 네거리에서 오른쪽으로 돌아가세요.
- It's just around the corner. 모퉁이를 돌면 바로예요.
- It's right after the stoplight. 신호등을 지나면 바로 있습니다.
- It's cross the street. 길 건너편에 있습니다.
- It's past the post office. 우체국을 지나서 있습니다.
- It's about a ten-minute walk. 걸어서 약 10분 거리입니다.
- Get off at the third stop. 세 번째 정거장에서 내리세요.
- You're on 42nd street. 여기는(가) 42가 입니다.
- This is a dead-end street. 이것은 막다른 길입니다.
- This is the end of the line. 여기가 종점입니다.

- You've come too far. 너무 많이 지나 오셨네요.
- You're in the wrong district. 동네를 잘못 찾아오셨습니다.
- You can't miss it. 틀림없이 찾을 겁니다.

⑥ 도와드리지 못해 죄송합니다.
- I'm new around here. / I'm sorry, I'm a stranger here myself.
  저는 이 동네에 생소해요.
- You'd better ask someone else. 다른 분한테 물어 보시죠.

⑦ 그 외 표현
- I am lost. / I got lost on the way. 길을 잃었어요.

(2) 약속
- What time do you want me to be there? 제가 몇 시에 거기로 갈까요?
- When is the most convenient time for you? 가장 편리한 시간이 언제입니까?
- Anytime after five will be fine. 5시 이후에는 아무 때나 좋습니다.
- OK. I'll pick you up at half past five. 좋습니다. 5시30분에 차로 모시러 가겠습니다.
- Can you make it on Tuesday? 화요일에 만날 수 있을까요?
- I'm on my way. 지금 가는 중이예요.
- I'm sorry, but I just got here myself. 죄송합니다. 저도 이곳에 지금 도착했는데요.

(3) 날씨

① 날씨 묻기
- What is the weather like today? 오늘 날씨가 어떻습니까?
- What is the temperature now? 지금 기온이 어떻게 돼요?
- How is the weather out there? 바깥 날씨가 어떻습니까?
- Do you think it might rain? 비가 올 것 같나요?
- What's the weather forecast for tonight? 일기예보는 오늘 밤이 어떨 거라고 합니까?

② 날씨 대답하기
- It's hot and humid. 날씨가 무덥군요.
- It's chilly. 쌀쌀 해요.
- It's beginning to sprinkle. 가랑비가 내리기 시작하네요.
- It must be below zero out there. 바깥기온이 영하로 떨어졌겠는데요.
- It looks like it's going to start any minute. 당장이라도 눈이 내릴 것 같은데요.

❺ 직업 · 병원 · 식당

(1) 직업

① 당신의 직업은 무엇입니까?

- What do you do for a living? / What is your occupation? / What is your job?
  직업이 무엇인가요?
- What line of business are you in? 어떤 업종에 종사하십니까?
- I'm in the computer industry. 컴퓨터업에 종사하고 있습니다.
- What kind (type) of job do you have? 어떤 직업을 가지고 계세요?

② 세부사항 질문하기

- How long have you been with the company? 그 회사에 근무하신 지 얼마나 됐습니까?
- I've been with them a little over 2 years. 2년 조금 넘었습니다.
- What is the starting salary? 초봉이 얼마나 됩니까?
- What company are you with? 어느 회사에 근무하고 계세요?
- I'm with Johnson & Johnson. 존슨 앤드 존슨에서 근무하고 있습니다.
- What position do you hold? 무슨 직책을 맡고 있나요?
- I'm in charge of the sales department. 판매부의 책임을 맡고 있습니다.

③ 그 외 표현

- He's gone out of business. 그는 망해서 문을 닫았습니다.
- I'm off tomorrow. 내일은 제가 쉬는 날입니다.
- I'd like to apply for the position of sales assistant.
  판매보조원 자리에 응모하고 싶은데요.

(2) 병원

① 건강 상태 질문하기

- What seems to be the trouble? / What's the matter with you? 어디가 아파요?
- Do you have fever? 열이 있으세요?

② 건강 상태 대답하기

- I have stuffy nose. 코가 막혔어요.
- I have splitting headache. 머리가 깨지는 것 같이 아파요.
- I have a terrible headache. 심한 두통이 있어요.

- I ache all over. 몸살이 있습니다.
- It hurts right here. 여기가 아파요.
- He slipped and fell and sprained his ankle. 그가 미끄러져 넘어져서 발목을 삐었대요.
- He's too sick to get out of bed. 그는 너무 아파서 침대에서 일어날 수 가 없대요.
- He had a heart attack. 그는 심장마비에 걸렸어요.
- I have a cough and my nose is running. 기침이 나고 콧물이 흐릅니다.
- I had the flu for a couple of weeks. 2주 동안 유행성 감기를 앓았어요.
- He had a car accident and broke his arm. 그는 자동차 사고로 팔이 부러졌대요.

③ 약에 관한 표현
- Do you have anything for a cold? 감기에 좋은 약이 있나요?
- How many should I take? 몇 알씩 먹어야 하나요?
- Only one at a time. 한 번에 한 알씩만 복용하십시오.
- How often should I take these pills? 얼마나 자주 이 알약을 복용해야 됩니까?
- Take one in every five hours. 매 5시간마다 한 알씩 복용하세요.

(3) 식당

① 주문받기
- Would you like to order now? / Are you ready to order? / Can I have your order?
  주문하시겠습니까?
- Here or to go? 여기서 드실 건가요, 아니면 가지고 가실 건가요?
- To go. 가지고 갈 겁니다.
- How do you want the steak? 스테이크는 어떻게 해드릴까요.
- Well-done (Rare, medium), please. 바짝 구워(덜 익혀, 중간쯤 익혀) 주세요.
- Anything to drink? 마실 것은 어떻게 하시겠어요?
- Glass of water will be fine. 물이면 되겠어요.
- Would you care for a cup of coffee? 커피 한잔 드시겠습니까?
- Do you take sugar or cream in your coffee? 커피에 설탕이나 크림을 넣으세요?

② 주문하기
- What do you recommend? 무엇을 먹었으면 좋겠어요?
- What's the special of the day? 오늘 특별요리가 뭐죠?
- Same here. / I'll have the same thing. 나도 같은 것으로 하겠습니다.
- Fine. Whatever you say. 좋아요. 당신이 주문하는 대로 할게요.
- May I have a refill? 한잔 더 주시겠어요?

③ 그 외 표현
- Excuse me. Is this seat taken (occupied)? 실례합니다. 이곳에 누가 앉으세요?
- Lunch is on me. 점심은 내가 사죠.
- Let's go dutch. 각자 부담합시다.
- May I have the check? 계산서 좀 가져 오세요.

❻ 여행 · 전화

(1) 여행

① 교통편, 요금, 거리 묻기
- How are you going? 어떻게 여행하실 건가요?
- Are you flying? 비행기로 가시나요?
- How much farther is it? 얼마나 더 가야 되죠?
- About how much will the fare be? 요금은 얼마나 될까요?
- How long will it take? 시간은 얼마나 걸릴까요?
- What time do we land in Chicago? 몇 시에 시카고에 착륙할까요?
- May I see your boarding pass, please? 탑승권을 좀 보여 주시겠습니까?

② 여행 목적, 목적지, 기간 묻기
- What's the purpose of your visit? 방문 목적은 무엇입니까?
- Where are you headed? 어디 가십니까?
- What's your destination? 목적지가 어디신가요?
- I'm on my way to New York. 뉴욕에 가는 중입니다.
- How long are you going to stay in this country?
  이 나라에 얼마동안 머물 예정이십니까?

③ 숙소에 관해 묻기
- Do you have a single room available? 일인용 방이 있습니까?
- I'd like a room, please. 방하나 있습니까?
- Sorry, sir. We're full. / I'm sorry we're all booked up. / I'm sorry, but we have no vacancy. 죄송합니다. 방이 만원입니다.

④ 그 외 표현

- Can you give me a wake-up call at six?

  6시에 내방으로 전화를 해서 좀 깨워 주시겠어요?

(2) 전화

① ~와 통화 할 수 있을까요?

- May I speak to Tom? / I'd like to speak to Tom. 톰과 통화 할 수 있을까요?
- Can you put me through to Sam? 샘 좀 바꿔 주시겠어요.
- I'd like to speak to Tom.

② 제가 ~입니다.

- This is Tom (speaking). / Speaking. 제가 톰입니다.

③ 안 계십니다.

- One moment, please. I'll page him. 잠시만 기다려 주십시오. 불러서 찾아보겠습니다.
- I'm sorry he's in conference now. 미안합니다만 지금 회의 중이신데요.
- I'm sorry, but he just stepped out. 죄송합니다만, 방금 나가셨습니다.
- I'll see if he's in. 자리에 계신지 알아보겠습니다.
- He's gone for the day. / He just left for the day. 그분은 퇴근하셨습니다.

④ 통화중입니다.

- His line is always busy. 그의 전화는 항상 통화중이지요.
- He's on another line. 통화중이십니다.
- I'm sorry, he's on the phone. May I ask who's calling?

  죄송합니다만 지금 전화 받고 계십니다. 누구신지요?

⑤ 메시지 받기

- May I take a message? 제가 메시지를 받을 까요?
- Would you care to leave a message? 전하실 말씀이 있습니까?
- Would you like to leave a message? 메시지를 남기시겠어요?

⑥ 그 외 표현

- I'll call back tomorrow. 내일 다시 전화 하지요.
- Did anyone call? 전화 온 것 있어요?
- Would you speak up, please? 좀 더 크게 말씀해 주시겠어요?
- She hung up. 그녀는 (통화를 끝내고) 전화를 끊었어요.
- You have the wrong number. 전화가 잘못 걸렸습니다.

출제예상문제

Ⓠ 다음 빈칸에 들어갈 알맞은 말을 고르시오. 【1~20】

1

> A : I'll send an ambulance. _____
> B : We're at 203 North Rose Avenue.

① Where are you?   ② What do you do?
③ How old are you?   ④ What do you think about me?

> **Tip ≫** A가 구급차를 보내겠다고 하자 B가 위치를 말하고 있다. 따라서 위치를 묻는 내용이 들어가는 것이 적절하다.
>
> A : 구급차를 보내겠습니다. ① 어디 계십니까?
>
> B : 저희는 North Rose가 203에 있어요.
>
> ② 직업이 무엇입니까?
> ③ 나이가 어떻게 되십니까?
> ④ 저에 대해 어떻게 생각하십니까?

2

> A : This is a top secret. Don't tell anybody about this.
> B : _____.

① I don't care at all.   ② Take a chance.
③ I'll have you know.   ④ I swear my lips are sealed.

> **Tip ≫** A가 비밀을 지켜줄 것을 당부했으므로 그에 맞는 대답은 '절대 입 밖에 내지 않을게요.'가 가장 적절하다.
>
> A : 이건 비밀입니다. 아무에게도 말해선 안돼요.
> B : ④ 절대 입 밖에 내지 않을게요.
>
> ① 난 전혀 신경 안 써요.
> ② 모험을 해보세요.
> ③ 알아두세요.

Answer ≫ 1.① 2.④

3

> A : Oh, my! What happened to your smartphone?
>
> B : It's totally broken. I dropped it while I was trying to put on my coat.
>
> A : Sorry to hear that. Did you take it to a customer service center?
>
> B : Yes, but they said buying a new one would _____ than getting it fixed.

① cost me less

② be less productive

③ take me more effort

④ be more harmful to the environment

> Tip 》 'buying a new one'과 'getting it fixed' 중 새로 사는 것을 선택하게 된 타당한 이유가 들어가야 한다.
>
> A : 오, 이런! 스마트폰이 왜 이래?
>
> B : 완전히 망가졌어. 코트를 입으려다가 폰을 떨어뜨렸어.
>
> A : 안됐네. 고객 서비스 센터에 가지고 가 봤어?
>
> B : 그래, 하지만 새 것을 사는 게 고치는 것보다 ① 비용이 덜 든다고 했어.
>
> ② 생산성이 떨어지다.
>
> ③ 더 많은 수고가 들다.
>
> ④ 환경에 더 해롭다.

4

> M : Excuse me. How can I get to Seoul Station?
>
> W : You can take the subway.
>
> M : How long does it take?
>
> W : It takes approximately an hour.
>
> M : How often does the subway run?
>
> W : _____.

① It is too far to walk

② Every five minutes or so

③ You should wait in line

④ It takes about half an hour

> Tip 》 지하철의 배차 간격을 묻는 M의 질문에 알맞은 답변이 와야 한다.
>
> M : 실례합니다. 서울역에 어떻게 가야합니까?
>
> W : 지하철을 타세요.

M : 얼마나 걸립니까?
W : 약 1시간 정도 걸려요.
M : 지하철이 얼마나 자주 다닙니까?
W : ② 5분마다 있어요.

① 걷기에는 너무 멀어요.
③ 당신은 줄을 서서 기다려야 해요.
④ 약 30분 정도 걸려요.

5

A : Excuse me. I'm looking for Nambu Bus Terminal.
B : Ah, it's right over there.
A : Where? _____.
B : Okay. Just walk down the street, and then turn right at the first intersection.
The terminal's on your left. You can't miss it.

① Could you be more specific?
② Do you think I am punctual?
③ Will you run right into it?
④ How long will it take from here by car?

Tip 》 "Where?"로 볼 때, A는 더 자세한 설명을 듣고 싶어 한다는 것을 알 수 있다.

A : 실례합니다. 제가 남부터미널을 찾고 있는데요.
B : 아, 바로 저기예요.
A : 어디라고요? ① 좀 더 구체적으로 말씀해주실 수 있나요?
B : 네. 그냥 길 아래로 걸어가다가, 첫 번째 교차로에서 오른쪽으로 꺾으세요. 터미널은 왼쪽에 있어요. 분명히 찾을 수 있을 거예요.
② 제가 시간을 엄수했나요?
③ 바로 그곳으로 갈 건가요?
④ 차로 여기서 얼마나 걸릴까요?

Answer 》》   3.①   4.②   5.①

6

> A : Watch out!
> B : _____.
> A : You should be careful in this area.
> B : Thank you. You are my lifesaver.

① Oh, thank you. I didn't see the car.

② Don't stand in my way.

③ Calm down.

④ Don't let me down.

> **Tip 》》** 조심하라는 A의 말과 생명의 은인이라는 B의 말로 미루어 보아 빈칸에 들어갈 가장 적절한 말은 ①번이다.
>
> A : 조심해!
> B : ① 어머, 고마워요. 차를 보지 못했네요.
> A : 여기서는 조심해야 해요.
> B : 고마워요. 당신이 제 생명의 은인이네요.
>
> ② 방해하지 마세요.
> ③ 진정해요.
> ④ 저를 실망시키지 마세요.

7

> A : I bought this suit for the party.
> B : _____.
> A : Thank you.

① You did a fine job.　　　　② It really looks good on you.

③ Think nothing of it.　　　　④ I'm very proud of you.

> **Tip 》》** 고맙다는 A의 말로 미루어보아, B가 칭찬을 했음을 알 수 있다.
>
> A : 저는 파티에 입으려고 이 정장을 샀어요.
> B : ② 당신에게 정말 잘 어울리네요.
> A : 고마워요.
>
> ① 잘 했어요.
> ③ 부담스럽게 생각하지 마세요.
> ④ 당신이 자랑스럽네요.

8

> A : The competition is tomorrow. I'm really nervous.
> B : _____.
> A : It's very nice of you to say so.

① I bet you can make it.

② You are well-built.

③ Don't lose your temper.

④ You can say that again.

> **Tip 》** A의 긴장된다는 말에 B가 위로를 해야 하므로 '당신은 틀림없이 잘 해낼 겁니다.'라는 말이 가장 적절하다.
>
> A : 대회가 내일이네요. 정말 긴장돼요.
> B : ① 당신은 틀림없이 잘 해낼 겁니다.
> A : 그렇게 말하다니 정말 친절하세요.
>
> ② 당신은 신체가 좋네요.
> ③ 화내지 마세요.
> ④ 당신 말이 백 번 맞아요.

9

> A : Your graduation address was really impressive.
> B : _____. I'm flattered.

① I really didn't mean it at all.

② My intentions were good.

③ How kind of you to say so.

④ It is not as difficult as it looks.

> **Tip 》** A의 칭찬에 B가 할 말로는 '그렇게 말씀하시다니 정말 친절하시네요.'가 가장 적절하다.
>
> A : 당신의 졸업 연설이 정말 인상적이었어요.
> B : ③ 그렇게 말씀하시다니 정말 친절하시네요. 부끄럽군요.
>
> ① 그럴 생각은 추호도 없었어요.
> ② 고의로 그런 것은 아니었어요.
> ④ 보이는 것처럼 그렇게 어렵지 않아요.

Answer 》   6.①   7.②   8.①   9.③

10

> A : Hello, doctor. I think _____ when I tripped over a rock yesterday.
> B : OK, we need a quick examination. Can you tell me where it hurts?
> A : Yeah, just here.
> B : I see. I suppose we'd better get an X-ray.

① I caught the flu

② I sprained my ankle

③ I had a skin problem

④ I developed a sore throat

> Tip 》》 의사와 환자의 대화이다. 마지막에서 X-ray를 찍는 게 좋을 것 같다고 하였으므로, 이와 관련된 내용을 찾는다.
> A : 안녕하세요, 의사선생님. 어제 바위에 발이 걸려 넘어지면서 ② 발목을 삐었어요.
> B : 그렇군요, 빠른 검사가 필요합니다. 어디가 아픈지 말해줄래요?
> A : 네, 바로 여기에요.
> B : 알겠어요. 엑스레이를 찍는 것이 더 나을 것 같네요.
> ① I caught the flu. 감기에 걸리다.
> ③ I had a skin problem. 피부 질환에 걸리다.
> ④ I developed a sore throat. 인후염이 생기다.

11

> A : The steak sandwiches are good here. Would you like to try one?
> B : No, thanks. _____.

① I like it   ② I'm bored

③ I'm vegetarian   ④ I'm starving

> Tip 》》 식당에서 음식을 주문하는 상황이다. 'steak sandwiches'를 권하자 거절을 하였고, 그에 이어지는 대답이다.
> A : 여기 스테이크 샌드위치가 좋아. 한 번 먹어 볼래?
> B : 고맙지만 괜찮아. ③ 나는 채식주의자야.
> ① 나는 그것을 좋아해.
> ② 나는 지루해.
> ④ 나는 배고파 죽겠어.

12

> A : What did you choose for your present?
> B : I can't decide what to choose among these two. what do you think?
> A : _____.
> A : Oh, come on! Please help me to choose. I can't make up my mind.
> B : Well, if I were you, I would buy the cheaper one.

① Either will be fine.　　　　② Oh, I see what you mean.

③ No doubt about it.　　　　④ You are dead wrong.

Tip 》 빈칸 뒤의 A와 B의 대화로 미루어보아, 빈칸에 가장 적절한 A의 말은 ①번이다.

　　A : 선물로 무엇을 골랐나요?
　　B : 이 두 가지 중에서 무엇을 골라야 할지를 결정하지 못하겠어요. 어떻게 생각하세요?
　　A : ① <u>둘 중 어느 것이라도 좋을 겁니다.</u>
　　B : 오, 그러지 말구요. 고르는 것 좀 도와주세요. 결정을 못 하겠어요.
　　A : 음, 제가 당신이었다면, 더 싼 걸 고르겠어요.
　　② 오, 무슨 말씀인지 알겠어요.
　　③ 그건 의심할 여지가 없어요.
　　④ 당신은 완전히 틀렸어요.

13

> A : Do you follow me?
> B : _____.

① It is not necessarily so.　　　② Sure, with pleasure.

③ I can't help it.　　　　　　④ I'm sorry, but I'm not with you.

Tip 》 A의 말에 가장 적절한 B의 말은 ④번이다.

　　A : 제 말 알겠어요?
　　B : ④ <u>죄송합니다만, 잘 모르겠어요.</u>
　　① 반드시 그렇지는 않아요.
　　② 물론, 기꺼이 그렇게 할게요.
　　③ 저로서는 어쩔 수 없네요.

Answer 》 10.②　11.③　12.①　13.④

14

> A : Are you for or against it?
>
> B : _____ .

① I doubt it.

② That makes sense to me.

③ Let's call it a day.

④ I'm dead set against it.

> Tip ⟫ 찬성인지 반대인지 묻는 A의 말에 가장 적절한 말은 '저는 결사반대입니다.'이다.
>
> A : 찬성인가요, 반대인가요?
> B : ④ 저는 결사반대입니다.
>
> ① 의심스럽네요.
> ② 일리가 있는 말이네요.
> ③ 오늘은 이만 끝냅시다.

15

> A : You look pale! Are you OK?
>
> B : _____ .
>
> A : Well, you'd better go and rest.

① That's fine with me.

② I'm feeling under the weather today.

③ That's a big problem.

④ Chances are slim.

> Tip ⟫ '괜찮아요?'라는 A의 물음과 '가서 쉬는 게 좋겠다.'는 A의 대답으로 미루어 보아 빈칸에 가장 적절한 말은 ②번이다.
>
> A : 안색이 창백해요! 괜찮아요?
> B : ② 제가 오늘 몸이 좋지 않네요.
> A : 음, 가서 쉬는 게 좋겠어요.
>
> ① 저는 좋아요.
> ③ 그거 큰 문제네요.
> ④ 가망이 없어요.

16

A : How often should I take these pills?

B : _____.

① Only one at a time.　　　　　② It hurts right here.

③ Take one in every five hours.　④ You have fever.

Tip ≫ 알약을 얼마나 자주 먹어야 하냐는 질문에 가장 적절한 대답은 ③번이다.

A : 이 알약을 얼마나 자주 먹어야 하나요?
B : ③ 5시간마다 한 알씩 복용하세요.

① 한 번에 한 알씩만 먹으세요.
② 여기가 아파요.
④ 당신 열이 있네요.

17

A : Do you need a help?

B : Yes, I'm a stranger here. I'm looking for a Grand Park.

A : _____.

B : Oh, it's really nice of you.

① How far is it?　　　　　② May I show you?

③ What's the location?　　④ How long does it take by taxi?

Tip ≫ '정말 친절하시네요.'라는 B의 말로 미루어 보아 '제가 안내해드릴까요?'가 가장 적절하다.

A : 도움이 필요하십니까?
B : 네, 저는 여기에 처음 왔어요. 대공원을 찾고 있어요.
A : ② 제가 안내해드릴까요?
B : 오, 정말 친절하시네요.

① 얼마나 먼가요?
③ 위치가 어떻게 되죠?
④ 택시를 타고 가면 얼마나 걸리나요?

Answer ≫　14.④　15.②　16.③　17.②

18

A : When is the most convenient time for you?

B : Anytime after five will be fine.

A : _____.

B : See you then.

① OK. Let's meet at four thirty.

② OK. I'll miss you.

③ OK. I'll pick you up at half past five.

④ OK. Let's get to the point.

> **Tip** 》 시간 약속을 정하는 대화 내용이므로 ①번과 ③번 중 골라야 하지만, 다섯 시 이후가 괜찮다는 B의 말에 적절한 대답은 ③번이다.
>
> A : 가장 편한 시간이 언제이신가요?
> B : 다섯 시 이후면 언제든 괜찮아요.
> A : ③ 좋아요. 다섯 시 반에 데리러 갈게요.
> B : 그 때 봅시다.
>
> ① 좋아요. 네 시 반에 만나요.
> ② 좋아요. 당신이 그리울 겁니다.
> ④ 좋아요. 본론으로 들어갑시다.

19

A : Why don't we play basketball in the playground?

B : Well, what's the weather like out there? It was rainy yesterday.

A : _____.

B : Maybe we'd better play a computer game inside.

① How is the weather today?

② Oh, it's beginning to sprinkle.

③ You should have checked a weather forecast.

④ You'd better ask someone else.

Tip » 밖의 날씨를 묻는 B의 질문에 가장 적절한 대답은 가랑비가 내린다는 ②번이다.

A : 운동장에서 농구를 하는 게 어때요?
B : 음, 밖에 날씨가 어떤가요? 어제는 비가 왔잖아요.
A : ② <u>오, 가랑비가 내리기 시작하네요.</u>
B : 안에서 컴퓨터 게임을 하는 것이 낫겠네요.

① 오늘 날씨가 어떤가요?
③ 당신은 일기예보를 확인해야만 했어요.
④ 다른 사람에게 물어보는 게 좋겠어요.

20

A : What company are you with?
B : I'm with Do & Dream.
A : What line of business are you in?
B : _____.

① I'm in the computer industry.

② I've been with them a little over 2 years.

③ I'm in charge of the sales department.

④ That position was just filled.

Tip » 어느 업종에 종사하고 있냐는 A의 물음에 가장 적절한 대답은 ①번이다.

A : 어느 회사에서 근무하고 계신가요?
B : 저는 두드림에서 근무하고 있어요.
A : 어느 업종에 종하사고 있나요?
B : ① <u>저는 컴퓨터 산업에 종사하고 있어요.</u>

② 2년 조금 넘었습니다.
③ 판매부의 책임을 맡고 있습니다.
④ 그 자리가 이제 막 찼습니다.

01 문장

① 8품사

(1) 품사

단어를 쓰임이나 의미에 따라 분류한 것으로 영어에는 여덟 가지 품사(8품사 : 명사, 대명사, 동사, 형용사, 부사, 전치사, 접속사, 감탄사)가 존재한다.

(2) 명사

사람, 사물, 지역부터 눈에 보이지 않는 것까지 만물의 이름을 나타내며 주어, 보어, 목적어의 역할을 할 수 있다.

I love my **family**.

Jessie has lived in **Seoul** since last year.

There is a **key** on the **sofa**.

(3) 대명사

반복되는 명사 대신 사용하는 말로 명사와 마찬가지로 주어, 보어, 목적어의 역할을 한다.

Lisa should take care of **her** little sister.

He and **I** are good friends.

This is not **mine**.

(4) 동사

Be동사와 일반 동사를 이용하여 주어의 동작이나 상태를 나타낸다.

She **was** a middle school student last year.

Mr. Parker **eats** three meals a day.

(5) 형용사

명사나 대명사를 수식하여 색, 수량, 상태, 성질 등을 나타낸다.

I found the book **interesting**.

Molly has **long straight** hair.

(6) 부사

동사, 형용사, 부사, 문장 전체를 수식하여 의미를 상세하고 정확하게 한다.

She swims **very well**.

The singer sang **beautifully**.

Sometimes he comes to my house.

(7) 전치사

명사나 대명사 앞에서 다른 명사와의 위치, 장소, 시간 등의 관계를 나타낼 때 사용한다.

There is a bank **across** the street.

It often snows **in** winter.

(8) 접속사

단어와 단어, 구와 구, 절과 절을 접속시켜주는 역할을 한다.

Which do you like better, tea **or** coffee?

What will you do **when** the test is over?

I don't know **if** he will come or not.

(9) 감탄사

사람의 놀람, 느낌, 응답 등을 나타내는 말을 단순하고 간단히 나타낸 것이다.

Yippee! I finally finished the work.

Oh, that's too bad.

❷ 구와 절

(1) 구

① 의미 : 2개 이상의 단어가 모여 하나의 품사의 역할을 하는 것을 구 혹은 절이라고 한다. 그 중 주어+동사의 문장의 형태를 갖춘 것을 절이라 하고 그렇지 않은 것을 구라고 한다. 구와 절은 수행하는 품사의 역할에 따라 이름을 달리 붙일 수 있다.

② 명사구 : 명사의 역할을 하는 구. 명사와 마찬가지로 주어, 보어, 목적어 역할을 수행한다.

To swim in this lake is very dangerous.

I like **watching TV**.

My hobby is **to read comic books**.

③ 형용사구 : 형용사의 역할을 하는 구. 형용사와 같이 명사나 대명사를 수식한다.

She bought some dresses **to wear** at the party.

That girl **reading a book** is my sister.

The man **in blue jacket** is Andy.

④ 부사구 : 동사, 형용사, 부사를 수식하는 역할을 한다.

I went to the store **to buy** some milk.

The soup is hot **to eat**.

She drinks orange juice **in the morning**.

(2) 절

① 의미 : 절은 구와 마찬가지로 하나의 품사 역할을 하지만 [주어 + 동사]의 형태를 갖추고 있다는 점에서 구와 차이를 보인다.

② 명사절 : 명사와 마찬가지로 주어, 목적어, 보어 역할을 수행한다.

That the Earth is round is true.

I don't know **if he will pass the exam**.

I heard **what she said**.

Whether he will come or not is important.

③ **부사절** : 부사와 마찬가지로 동사, 형용사, 부사, 문장 전체를 수식하는 역할을 하며 생략해도 문법상의 문제는 없다.

My mom opened the door **when I turned my computer on.**

She was late for the meeting **because she got up late.**

If it rains tomorrow, we will stay at home.

④ **형용사절** : 형용사 역할을 수행하는 절로, 관계대명사 절과 관계부사 절이 있다.

The man **who is crossing the street** is Jack.

I know the girl **whom you like.**

This is the shop **where I want to go.**

Look at the man and his dog **that are running on the street.**

1 다음 문장의 빈칸에 들어갈 단어로 가장 적절한 것은?

> Peggy _____ it to realize the real meaning of love.

① believed
② appeared
③ failed
④ seemed

> **Tip》** ① believe는 that절을 취하거나 가목적어 it과 목적격 보어인 to부정사를 사용하여 5형식 문장을 만든다.
> 「Peggy는 진정한 사랑의 의미를 깨달았다고 믿었다.」

2 다음 중 틀린 문장은?

① My brother married an actress.
② My brother got married to an actress.
③ My brother is married to an actress.
④ My brother married with an actress.

> **Tip》** marry 결혼하다(=be married to, get married to)
> ④ marry는 3형식 동사(타동사)로 전치사와 함께 쓸 수 없다.
> ② 결혼한 상태에 중점을 둔 표현
> ③ 수동표현
> 「나의 형은 여배우와 결혼했다.」

3 다음 문장 중 어법상 옳지 않은 것은?

① Please explain to me how to join a tennis club.

② She never listens to the advice which I give it to her.

③ My father was in hospital for six weeks during the summer.

④ The fact that she is a foreigner makes it difficult for her to get job.

> **Tip 》** ② 관계대명사는 접속사와 대명사의 두 가지 역할을 하므로 대명사 it을 삭제해야 한다.
> She never listens to the advice which I give it to her.(×)
> → She never listens to the advice which I give to her.(○)

4 다음 ( ) 안에 들어갈 가장 알맞은 것은?

> A : I don't have a good working relationship with my coworkers.
> B : When ( ) a solid relationship, honesty is the best policy.

① it comes to establishing

② there comes to establish

③ there has come to establish

④ it come to establish

> **Tip 》** when it comes to ⓝ - / ing ~하는 것에 관해 말할 것 같으면
> 「A : 나는 같이 일하는 사람들과 좋은 관계가 못된다.
> B : 건실한 관계를 갖는 것에 관해서 말하면, 정직이 가장 최선의 정책이야.」

Answer 》 1.① 2.④ 3.② 4.①

5 다음 중 (   ) 안에 알맞은 것은?

> Flight 1029 (   ) for Seoul will begin boarding immediately at gate.

① departed   ② departures

③ arriving   ④ departing

> **Tip 》** board 올라타다, 판자를 두르다 immediately 곧, 즉시, 바로 가까이에
> ① (   ) 안의 동사와 Flight 1029는 능동적 관계이므로 답이 될 수 없다.
> ② Flight 1029를 주어로 하는 준동사가 필요하다.
> ③ will begin boarding은 탑승을 시작할 것이라는 의미이므로 제외된다.
> 「서울로 떠날 1029 비행기는 개찰구에서 즉시 탑승을 시작하겠습니다.」

6 다음 중 어법상 잘못된 문장은 무엇인가?

① She married with her boyfriend.

② Lisa graduated from middle school last year.

③ That girl singing on the stage is Beth.

④ My friend, Julia, has three younger brothers.

> **Tip 》** graduate from ~를 졸업하다 marry ~와 결혼하다 get married 결혼하다
> ① marry는 타동사이므로 목적어를 동반할 때 전치사를 쓸 수 없다. She married her boyfriend.(그녀는 남자친구와 결혼했다)가 올바른 문장이 된다.
> ② Lisa는 작년에 중학교를 졸업했다.
> ③ 무대 위에서 노래하는 저 소녀는 Beth이다.
> ④ 내 친구 Julia는 세 명의 남동생이 있다.

7 다음 중 잘못 쓰인 문장은?

① I introduced him to the class.

② My sister, Jane, graduated high school yesterday.

③ My father made me wash the car this morning.

④ Tony resembles his father closely.

> **Tip 》** introduce 소개하다, 도입하다   resemble ~와 닮다, 공통점이 있다   wash the car 세차하다   graduate from ~을 졸업하다
> ② graduated → graduated from, 동사 graduate는 자동사이므로 전치사와 함께 쓰여야 한다.
> ① 나는 그를 학급에 소개했다.
> ② 내 여동생 Jane이 어제 고등학교를 졸업했다.
> ③ 나의 아버지는 오늘 아침에 나에게 세차를 시키셨다.
> ④ Tony는 그의 아버지를 매우 닮았다.

8 다음 문장 중 문법적으로 옳은 것은?

① In 2003, the world famous actor, Brad has visited Seoul, Korea.

② I watched a girl try to get off the subway.

③ After that, he would mop, scrub, and to dust everything.

④ In order to travel around the world, he decided to not waste money.

> **Tip 》** ② watch는 지각동사로 목적격 보어 자리에 동사 원형이나 현재분사를 사용하므로 tried로 시제 일치 시키지 않고 try 혹은 trying을 사용한다. (나는 지하철에서 내리려고 하는 한 소녀를 보았다.)
> ① 2003년이라는 과거 특정 시제가 나타나 있으므로 현재완료 시제를 사용할 수 없다. In 2003, the world famous actor, Brad visited Seoul, Korea. (2003년, 세계적으로 유명한 배우, Brad가 한국의 서울을 방문했다.)
> ③ 등위접속사 and로 연결 된 병렬구조이므로 mop, scrub과 마찬가지로 dust도 동사 원형으로 쓰여야 한다. After that, he would mop, scrub, and dust everything. (그 후, 그는 모든 것을 닦고, 문지르고, 털어냈다.)
> ④ to부정사의 부정은 to 앞에 not이나 never를 붙여준다. In order to travel around the world, he decided no to waste money. (세계여행을 하기 위해, 그는 돈을 낭비하지 않기로 마음먹었다.)

Answer 》 5.④ 6.① 7.② 8.②

9 다음 문장 중 문법적으로 옳은 것은?

① Twenty people reported to have lost their lives in the crash.

② He felt her to touch his hand.

③ I explained them how the machine worked.

④ She keeps forgetting what to do.

> **Tip》** report ~을 보고하다, 보도하다, 전하다   lose one's life 생명(목숨)을 잃다, 죽다   crash 충돌, 추락, 불시착   explain 설명하다   work 움직이다, 작동하다, 작용하다   touch 만지다
>
> ① reported→was reported. Twenty people과 report는 수동관계이며, 능동태에서 report는 to부정사를 목적어로 바로 취할 수 없다. 원래 문장은 (The newspaper) reported twenty people to have lost their lives in the crash이다(Twenty people was reported to have lost their lives in the crash, It was reported that twenty people had lost their lives in the crash).
>
> ② to touch→touch 또는 touching, feel은 지각동사로 5형식 문장에서 원형부정사를 목적보어로 취하나 진행·능동의 뜻일 때는 현재분사를, 수동의 뜻일 때는 과거분사를 목적보어로 취한다.
>
> ③ explained them→explained to them, explain은 해석상 수여동사로 생각하기 쉬우나 4형식 문장으로 쓸 수 없다.
>
> ① 20명의 사람들이 그 충돌(사고)로 죽었다고 보도되었다.
>
> ② 그는 그녀가 그의 손을 만지는 것을 느꼈다.
>
> ③ 나는 그들에게 그 기계가 어떻게 작동하는지를 설명하였다.
>
> ④ 그녀는 무엇을 해야 할지를 계속 잊어버린다.

Answer 》 9.④

동사의 종류 02

① 동사의 종류

(1) 완전자동사

목적어나 보어와 같은 다른 어떤 단어의 도움 없이 자립할 수 있는 완전한 의미를 가지는 동사

live, sit, sleep, come, run, start, cry, rise, ⋯

He **died**.

She **cried**.

(2) 불완전자동사

목적어, 즉 행위를 당할 대상은 필요하지 않지만 동사만으로는 의미를 나타낼 수 없어 보어를 동반하는 동사.

look(감각동사), be, become, keep, get, grow, seem, ⋯

This coffee **tastes** good.(O) This coffee **tastes**.(X)

감각동사인 taste는 커피에서 어떤 맛이 나는지를 설명하는 형용사 보어를 필요로 한다.

He **became** a teacher.(O) He **became**.(X)

become, get, grow류의 동사는 자라서 혹은 시간이 지나 무엇이 되었는지, 어떻게 변화했는지 설명하는 보어를 필요로 한다.

(3) 완전타동사

타동사란 기본적으로 동사를 당하는 대상, 즉 목적어를 필요로 한다. 그리고 그 중 완전타동사는 보어의 도움 없이 목적어만으로 완전한 문장을 이룰 수 있는 동사를 말한다. 목적어를 동반하는 것이 기본 조건이므로 목적어 앞에 전치사를 쓸 수 없다.

marry, resemble, discuss, enter, answer, ⋯

He **pushed** me. (O) He **pushed**. (X) He **pushed** to me. (X)

push는 완전타동사이므로 그에게 밀침을 당하는 대상, 즉 목적어인 'me'를 생략하거나 앞에 전치사를 쓸 수 없다.

She will **marry** Tom. (O) She will **marry**. (X) She will **marry with** Tom. (X)

marry 역시 대표적인 완전타동사이다. 목적어인 결혼 대상을 생략하거나 그 앞에 전치사를 써서는 안 된다.

(4) 수여동사

'A에게 B를 (해)준다.'는 의미의 동사이며 물건을 받는 대상인 A는 간접목적어(I.O), 건네어지는 물건인 B는 직접목적어(D.O)에 해당한다. 즉, 수여동사가 사용되는 문장에서는 목적어가 2개인 것이다.

give, show, tell, lend, buy, send, teach, …

Ms. Kim **teach** us English.

us = 지도 받는 대상, 간접목적어 / English = 지도 되는 대상, 직접목적어

I **wrote** her a letter.

her = 편지를 받는 대상, 간접목적어 / a letter = 그녀에게 주어지는 대상, 직접목적어

(5) 불완전타동사

보어와 목적어를 모두 필요로 하는 동사를 말한다. 이때 보어는 주어를 보충하는 것이 아니라 목적어의 동작, 상태, 신분 등을 나타낸다.

name, elect, call, think, want, expect, ask, make, let, …

I'll **let** you go.

you = 목적어, go = 목적어의 동작을 나타내는 목적격 보어

She **makes** me sad.

me = 목적어, sad = 목적어의 감정 상태를 나타내는 목적격 보어

② 문장의 형식과 동사

(1) 1형식 (완전자동사)

① 주어(S) + 동사(V)

She sang very beautifully.

very와 beautifully는 동사 sang을 수식하는 부사이므로 수식어에 해당, 문장의 형식을 결정짓는데 아무런 역할을 할 수 없다.

My little sister smiles when she gets free candies.

She is in my room.

② There + be동사 + 주어(S) : S가 있다

There + 일반 동사 + 주어(S) : S가 V하다

There **is a cat** under the table.

There **lived a wise man**.

(2) 2형식 (불완전자동사)

주어(S) + 동사(V) + 보어(C)

① be동사류 : be동사, remain, stay, keep, … S는 C이다. (S가 C라는 상태를 유지)

He is my best friend.

Lisa is very pretty.

The students stayed calm.

Lisa keeps silent.

② become 동사류 : become, get, go, grow, turn, … S는 C가 되다. (S가 C라는 상태로 변화)

The cake went bad. 케이크가 상했다.

The leaves turned red and yellow. 나뭇잎들이 붉고 노랗게 변했다.

Louis became a nurse. Louis는 간호사가 되었다.

She is getting old. 그녀는 늙어가고 있다.

③ 감각동사류 : look, sound, smell, taste, feel

The soup smells delicious. 그 스프는 맛있는 냄새가 난다.

It sounds strange. 그 말은 이상하게 들린다.

Your pizza tastes very good. 너의 피자는 정말 맛있다.

Lisa looks like a doll. Lisa는 인형처럼 보인다.

I feel so tired. 나는 너무 피곤하게 느껴진다. 나는 너무 피곤하다.

※ 다음 문장의 형식을 쓰고 해석하시오.

1. The problem is that she was late for the meeting.
2. Amy dances very well.
3. The leaves turn green in summer.
4. Lisa fell on the rocks in the mountain.
5. One of the hardest parts of my job is grading.

풀이 1. 문제는 그녀가 회의에 늦었다는 것이다. 2형식
2. Amy는 춤을 매우 잘 춘다. 1형식
3. 여름에는 이파리들이 푸르게 변한다. 2형식
4. Lisa는 산에서 바위 위로 떨어졌다. 1형식
5. 나의 일 중에서 가장 어려운 것들 중 하나는 채점이다. 2형식

---

(3) 3형식 (완전타동사)

주어(S) + 동사(V) + 목적어(O)

① 목적어의 종류

　ㄱ 명사 : She will get a chance soon.

　ㄴ to부정사 : James expected to pass the exam.

　ㄷ 동명사 : I don't like doing like that.

　ㄹ 명사구 : Laura knows how to lock the door.

　ㅁ 명사절 : People believed that words have power.

② 전치사구가 필요한 동사

remind, charge, explain, punish, keep, stop 등의 동사는 of, with, to, for, from 중 한 가지를 포함한 전치사구를 필요로 한다.

She reminded me of the song.

The doctor explained Jane's illness to her.

My mom provide us with delicious meals.

③ 재귀목적어

Kevin looked at himself in the mirror.

She would look after herself.

(4) 4형식 (수여동사)

주어(S) + 동사(V) + 간접목적어(I.O) + 직접목적어(D.O)

4형식 문장은 수여를 받는 대상인 간접목적어와 수여 되는 대상인 직접목적어로 이루어져 있으며 to, for, of과 같은 전치사를 동반하여 3형식으로 전환할 수 있다.

① 전치사 to를 사용하는 동사 : give, lend, teach, show, offer, tell, send, …

My teacher handed me the paper.

= My teacher handed the paper to me.

② 전치사 for을 사용하는 동사 : buy, order, cook, make, choose, find, …

Cathy made me a pretty doll.

= Cathy made a pretty doll for me.

We bought Chris a birthday present.

= We bought a birthday present for Chris.

③ 전치사 of를 사용하는 동사 : ask, inquire, demand, …

Can I ask you a favor?

= Can I ask a favor of you?

> Point 〉 간접 목적어와 직접 목적어가 모두 대명사일 경우 4형식 문장이 아니라 3형식 문장을 사용한다.
> 예 He gave it me. (O)
> He gave me it. (×)

(5) 5형식

주어(S) + 동사(V) + 목적어(O) + 목적보어(O.C)

① 형용사 목적보어 : 목적어의 상태, 성질을 나타낸다.

The man always makes me **happy**.

Allen considers his dog **stupid**.

② 명사 목적보어 : 목적어의 신분, 정체, 별명이나 이름 등을 나타낸다.

We called the boy **a book worm**.

John's father made him **a doctor**.

③ to부정사 목적보어 : 목적어의 동작을 나타낸다.

I want you **not to play** computer games.

They advised the boy **to do** his best.

④ 원형부정사 목적보어 : 사역동사와 지각동사는 원형부정사를 목적보어로 가진다.

　　㉠ 사역동사(~하도록 시키다, 허락하다) : make, have, let, …

　　　　Fortunately, my sister **let** me **use** her laptop.

　　㉡ 지각동사 : see, watch, hear, listen to, feel, …

　　　　I **saw** you **talk** on the phone in the park last night.

⑤ 현재분사 목적보어 : 진행 중인 목적어의 동작을 나타내거나 지각동사의 목적보어 역할을 한다.

　　I saw a man **entering** the house.

　　You kept Susie **waiting** for you so long.

⑥ 과거분사 목적보어 : 목적어가 수동으로 당할 경우, 사역동사의 목적어가 사물일 경우 과거분사 목적보어를 가진다.

　　I had the wall **painted**.

　　I have never seen a fish **caught**.

1 다음 빈칸에 알맞은 것은?

> He _____ the problem briefly.

① mentioned   ② mentioned about

③ mentioned of   ④ mentioned with

> **Tip 》** 빈칸 뒤에 명사(목적어)를 두는 동사는 타동사이기 때문에 전치사가 올 수 없다.
> 따라서 ① mentioned가 적절하다.
> 「그는 그 문제를 간단히 언급했다.」

2 다음 문장의 빈칸에 들어갈 단어로 가장 적절한 것은?

> A : Did the boys threaten to harm the lady?
> B : No, but as they talked she grew _____.

① fearful   ② to fear

③ fearfully   ④ to fearing

> **Tip 》** ① grew는 2형식 동사로 보어를 필요로 하는데 보어로는 형용사가 사용된다.
> (grow＋형용사 보어 ～하게 되다)
> 「A : 그 소년들이 그 숙녀를 해치겠다고 위협했습니까
> B : 아니오. 하지만 그들이 말하는 동안 그녀는 두려워했습니다.」

Answer 》 1.① 2.①

@ 다음 밑줄 친 부분과 뜻이 같은 것을 고르시오. 【3~4】

3

> Are you going to <u>travel</u> to Europe this summer?

① issue
② soil
③ stay
④ journey

Tip 》》 travel 여행하다, 이동하다 issue 발행하다, 문제 soil 더럽히다, 토양, 흙 stay 머무르다, 체류하다 journey 여행하다

「이번 여름에 유럽으로 여행 갈 거야?」

4

> Unfortunately, television's influence has been extremely <u>harmful</u> to the young.

① familiar
② damaging
③ independent
④ present

Tip 》》 harmful 해로운 familiar 익숙한, 친숙한 damaging 손해를 끼치는, 해로운 independent 독립한 present 현재의, 선물

「불행하게도, 텔레비전은 젊은 사람들에게 극도로 해를 끼쳐왔다.」

다음 두 문장의 뜻이 같도록 밑줄에 알맞은 말을 고르시오. 【5~6】

5

His children seem to be asleep.
= It seems that his children _____ asleep.

① is   ② are
③ was   ④ were

> **Tip 》** seem ~으로 보이다, ~인 것 같다   asleep 잠들어
>
> his children이 복수이고 시제도 현재이므로 are를 써야 한다.
>
> 「그의 아이들은 잠든 것 같다.」

6

He bought her a ring.
= He bought a ring _____ her.

① to   ② for
③ of   ④ in

> **Tip 》** 4형식에서 3형식 문형으로 전환될 때 수여동사 buy는 for를 전치사로 취한다.
>
> 「그는 그녀에게 반지를 사주었다.」

Answer 》》   3.④ 4.② 5.② 6.②

7

The rose smells _____.

① sweet

② sweetness

③ sweetly

④ sweeting

> **Tip** 》 불완전자동사 + 형용사 보어
> 「이 장미는 향긋한 냄새가 난다.」

8

I will have him _____ the work.

① do

② does

③ did

④ done

> **Tip** 》 have + 사람 + 동사원형
> 「나는 그에게 그 일을 하도록 시키겠다.」

9

> I had the car _____ by him.

① wash   ② washes

③ washed   ④ to wash

> **Tip »** have + 사물 + p.p.(과거분사)
>
> 「나는 그에게 차를 닦도록 시켰다.」

10

> In the past, investors have often _____ savings accounts for money-market mutual funds.

① rejected   ② replaced

③ preferred   ④ purchased

> **Tip »** mutual 서로의, 상호의   mutual fund 상호기금, 개방형 투자신탁   replace 대신(대체)하다   prefer 보다 좋아하
> 다, 선호하다   reject 거절하다, 거부하다, 물리치다   purchase 사다, 구입하다
>
> 「과거 투자자들은 금융시장의 개방형 투자신탁을 위하여 저축예금을 거부하였다.」

CHAPTER 03 동사의 시제

① 현재시제

(1) 현재의 동작이나 상태

She **looks** at the girl on the bench. (현재의 동작)

I **am** so tired because of the test. (현재의 상태)

(2) 변하지 않는 사실, 속담, 규칙적인 습관

The sun **rises** in the east. (사실)

That the earth **is** round is true. (사실)

A friend in need **is** a friend indeed. (속담)

Mr. Brown **drinks** coffee every morning. (습관)

(3) 시간과 조건의 부사절

시간과 조건을 나타내는 부사절에서는 미래시제 대신 현재시제를 사용한다.

I will stay at home **if it rains tomorrow**.

When school is over, what will you do?

> Point 〉 명사절과 형용사절은 미래시제를 사용할 수 있다.
> I don't know **if she will come or not**. → 명사절(목적어)
> Tell me the time **when he will return**. → 형용사절(time을 수식)

② 과거시제

(1) 과거의 동작이나 상태

She **went** to the store to buy some bread. (과거의 동작)

She **looked** happy yesterday. (과거의 상태)

(2) 역사적 사실

The Korean war **broke out** in 1950.

Hongkong was **returned** to China in 1997.

(3) 과거의 습관

과거의 습관을 나타내는 would와 used to는 각각 불규칙적인 습관과 규칙적인 습관을 나타낸다. 하지만 오늘날에는 거의 차이를 두지 않고 있다. 또한 두 가지 모두 과거의 습관을 나타내므로 현재에는 그렇지 않다는 의미를 포함하고 있다.

She would come to meet my sister. (과거의 불규칙적인 습관)

My father used to go to church on Sundays. (과거의 규칙적인 습관)

③ 미래시제

(1) 의지

Shall we play computer games this Saturday?

Shall I open the door? (내가 문을 열어줄까?)

- Yes, please. / No, thank you.

(2) 미래를 나타내는 표현

① be going to+동사원형 : ~할 예정이다.

　　She is going to read books about China.

　　I am going to go to school.

② be about to+동사원형 : 막 ~하려 하다.

Kate was about to sleep.

I am just about to wash the dishes.

③ 왕래발착동사

go, come, start, leave, sail, arrive, reach, return 등의 왕래발착 동사는 현재시제, 혹은 현재 진행 시제로 가까운 미래의 확정된 사실을 나타낸다.

The bus leaves tonight from Busan.

The plane is taking off at 6 o'clock.

④ 현재완료시제

have/has + 과거분사(p.p.)의 형태로 '~한 적 있다, ~해 오고 있다, ~해서 지금 …이다, 막 ~했다.' 등의 의미를 나타낸다. 과거시제와 유사한 의미를 가진 것처럼 보이지만 과거에 일어난 사건이 현재까지 영향을 미치는 경우에 사용하기 때문에 단순 과거시제와 달리 현재의 상황에 대해 짐작이 가능한 것이 특징이다. 또한 특정 과거시제를 나타내는 부사 표현과 함께 사용할 수 없다.

(1) 완료

막 ~ 했다, ~해버렸다. 자주 함께 쓰이는 표현은 now, already, just, yet, …

I have just arrived my home.

She has not finished the work yet.

(2) 결과

~해서 그 결과 지금 …이다.

I have lost my key on the train. 나는 그 기차에서 열쇠를 잃어버렸다. (그래서 현재 열쇠를 가지고 있지 않다.)

Susie has gone to New York. Susie는 뉴욕으로 떠났다. (그래서 현재 이곳에 있지 않다.)

(3) 경험

~ 한 적 있다. once, twice, ~times, ever, never, before 등을 자주 사용한다.

I have read the book three times.

He has never eaten Japanese food before.

(4) 계속

~ 해 오고 있다. 주로 for, since, how long ~? 등의 표현과 함께 쓰인다.

You have known each other since 2000.

How long have you worked here?

> Point 〉 'have been to 장소'와 'has gone to 장소'의 차이점.
> 'have been to 장소'는 '~에 가 본적 있다'는 경험 표현,
> 'has gone to 장소'는 '~에 가서 현재 이곳에 없다'는 결과 표현이다.
> She has been to Japan. 그녀는 일본에 가 본 적 있다.
> She has gone to Japan. 그녀는 일본에 갔다. (그래서 지금 여기에 없다.)

> Point 〉 현재완료의 부정문과 의문문
> ㉠ 현재완료의 부정문: 주어 + have/has + not/never + p.p.
> She has never read a newspaper.
> ㉡ 현재완료의 의문문: (의문사) + Have/has + 주어 + p.p. ~?
> Have you ever been to Alice's house?

⑤ 관거완료시제

had + p.p. 과거완료는 현재완료와 마찬가지로 완료, 결과, 경험, 계속을 나타낸다. 단, 과거부터 현재까지의 지속이 아니라 더 앞선 과거(대과거)부터 과거까지이다.

(1) 완료

막 ~하였다, ~해버렸다.

When I arrived, the house **had** already **cleaned**.

I called him, but he **had** just **left** for London.

(2) 결과

~해서 …이 되어 있었다.

The player **had broken** his leg and he couldn't play anymore.

When I got home, I found that someone **had stolen** my computer.

(3) 경험

~한 적이 있었다.

Had they **been** to Hawaii before?

Steve **had** never **played** computer games before he went middle school.

(4) 계속

계속 ~하고 있었다.

The room **had been** empty for ages.

She had been on a diet for three weeks.

(5) 대과거

과거에 발생한 두 사건 중 먼저 일어난 쪽을 대과거(had + p.p.)로 나타낸다.

She had gone already when we arrived at the party.

우리가 파티에 도착한 시점보다 먼저 그녀가 가버렸음을 의미한다.

I wasn't hungry **because I had just had dinner**.

마찬가지로 앞서 저녁식사를 했기 때문에 배가 고프지 않았다는 뜻이다.

 진행시제

(1) 현재진행

am/are/is + ~ing ~하고 있다, ~하는 중이다.

I am reading a book.

He is playing basketball.

(2) 과거진행

was/were + ~ing ~하고 있었다, ~하는 중이었다.

Lilly was playing the violin.

They were watching TV on the sofa.

(3) 미래진행

will be + ~ing ~하고 있을 것이다.

Next month, I will be living in Seoul.

I will be gambling in Las Vegas next year.

(4) 완료진행

have/has been + ~ing 계속 ~해 오고 있다.

I have been waiting for you. (계속 너를 기다리는 상태였다는 것을 강조)

He has been studying hard.

❼ 불규칙동사의 활용

(1) A−A−A형

cut(자르다)−cut−cut   cost(비용이 들다)−cost−cost

hit(때리다)−hit−hit   read(읽다)−read−read

(2) A−B−B형

bring(가져오다)−brought−brought   buy(사다)−bought−bought

catch(잡다)−caught−caught   find(발견하다)−found−found

hear(듣다)−heard−heard   sleep(자다)−slept−slept

think(생각하다)−thought−thought

(3) A−B−C형

begin(시작하다)−began−begun   choose(선택하다)−chose−chosen

drive(운전하다)−drove−driven   eat(먹다)−ate−eaten

go(가다)−went−gone   write(쓰다)−wrote−written

speak(말하다)−spoke−spoken

(4) A−B−A형

become(~가 되다)−became−become   come(오다)−came−come

run(달리다)−ran−run

⑸ 혼동하기 쉬운 동사의 활용

① rise(오르다)−rose−risen
　raise(올리다)−raised−raised

② find(찾다)−found−found
　found(세우다)−founded−founded

③ fall(떨어지다)−fell−fallen
　fell(벌목하다)−felled−felled

Q 다음 중 빈칸에 들어갈 말로 적절한 것을 고르시오. 【1~2】

1

> Managers hope that when customers (   ) down, they will buy a few extra items.

① slowest

② will slow

③ slow

④ slower

Tip》 시간, 조건의 부사절에서는 현재가 미래를 대신하므로 빈칸에 들어갈 말은 slow가 적절하다.

「관리자들은 고객이 속도를 늦추면 몇 가지 추가 품목을 구입하기를 희망한다.」

2

> The sun _____ in the east.

① roses

② raises

③ rose

④ rises

Tip》 1형식 문장이므로 완전자동사 rise가 필요하며 불변의 진리이므로 현재시제로 한다.

「해는 동쪽에서 뜬다.」

Answer 》 1.③ 2.④

3 다음 문장 중 문법적으로 옳지 않은 것은?

① This is the way Canadian listeners show <u>that</u> they are listening to in a friendly way.

② The people <u>who</u> took care of him were very poor.

③ Yesterday I took a bus to the shopping mall downtown. I <u>spend</u> all day looking around in the bookstores and gift shops.

④ Life of a special kind <u>exists</u> in a desert community.

> **Tip 》》** ③ 기준 시점이 어제(yesterday)이므로 과거시제인 spent가 적절하다.
>
> 「① 이것은 캐나다인 청취자가 친근한 방식으로 청취하고 있음을 보여주는 방식이다.
> ② 그를 돌보았던 사람들은 매우 가난했다.
> ③ 어제 나는 시내의 쇼핑몰에 가려고 버스를 탔다. 나는 하루 종일 서점과 선물 가게를 둘러보며 시간을 보냈다.
> ④ 특별한 종류의 삶은 사막 지역 사회에 존재한다.」

4 다음 문장을 부정문으로 바르게 바꿔 쓴 것은?

My father has been to New York.

① My father doesn't have been to New York.

② My father didn't have been to New York.

③ My father has not been to New York.

④ My father has been not to New York.

> **Tip 》》** 완료시제의 부정은 have(has) + not + p.p.이다.
>
> 「나의 아버지는 뉴욕에 갔다 오셨다.」

◎ 다음 밑줄 친 부분에 가장 알맞은 것을 고르시오. 【5~8】

5

> She finally passed the entrance examination. So she was _____ by her parents.

① praise
② praising
③ praised
④ been praised

> **Tip 》》** 수동의 의미이므로 praised가 적절하다.
> 「그녀는 마침내 입학시험에 합격했다. 그래서 그녀는 그녀의 부모님에게 칭찬을 받았다.」

6

> Let's start when she _____ here.

① arrives
② will arrive
③ arrived
④ is arriving

> **Tip 》》** 시간·조건의 부사절에서는 현재가 미래 대신 쓰인다.
> 「그녀가 이곳에 도착했을 때 출발하자.」

7

> Three years _____ since he died.

① has passed
② passed
③ have passed
④ were passed

> **Tip 》》** 현재완료 + since + 과거
> = He died three years ago.
> = He has been dead for three years.
> = It is three years since he died.
> 「그는 3년 전에 죽었다.」

Answer 》》 3.③ 4.③ 5.③ 6.① 7.③

8

As a general rule, dogs _____ unless offended.

① do not bite   ② will not be biting
③ are not biting   ④ have not bitten

Tip 》 bite 물다   offend 화나게 하다, 위반하다

「일반적으로 개는 공격당하지 않으면 물지 않는다.」

※ 현재시제가 쓰이는 경우

ⓐ 현재의 사실

He lives in England.

I see he swimming in the pool.

ⓑ 현재의 습관적인 동작, 직업, 성격, 능력 등

I get up at six every morning.

He teaches English.

He never takes sugar in his coffee.

ⓒ 불변의 진리, 사실, 속담

The earth moves round the sun.

Honesty is the best policy.

ⓓ 역사적 사실

Caesar crosses the Rubicon and enters Italy.

ⓔ 옛 사람, 옛날 책에 쓰인 말의 인용 : 현재형을 씀으로써 생생한 표현이 된다.

Dryden says that none but the brave deserve(s) the fair.

(Dryden은 용기 있는 자만이 미인을 얻을 수 있다고 말한다.)

ⓕ 미래시제의 대용 : 왕래발착을 나타내는 go, come, start, leave, arrive, depart, meet, return, sail, ride 나 개시를 나타내는 begin 등의 동사는 미래를 나타내는 부사, 부사구와 함께 현재시제의 형태로 미래를 나타낸다.

He starts(= will start) for Seoul tomorrow morning.

ⓖ 시간 · 조건 부사절에서의 미래대용 : 명사절이나 형용사절에서는 미래시제를 그대로 쓴다.

I will not start if it rains tomorrow.

I don't know if it will rain tomorrow.

9 다음 빈칸에 들어갈 알맞은 것은?

> There was a gray-eyed man that I at once hoped would buy me. I knew by the way he handled me that he was used to horses. He offered to buy me, but the sum was too law, and he was refused. A very hard, loud-voiced man came after him, and I was dreadfully afraid he would have me, for he offered a better price. But the gray-eyed man stroked me, saying "Well, I think we should suit each other," and _____. "Done." said the dealer.

① he raised his bid   ② he lowered his voice

③ he cancelled his offer   ④ I roared for mercy

> **Tip》** at once 즉시, 당장 dreadfully 몹시 stroke 어루만지다
>
> ① 빈칸 전까지는 낙찰이 이루어지지 않다가 마지막 문장에서 낙찰을 부른 것으로 보아 그가 입찰가를 높여 불었을 것이라 예상할 수 있다.
>
> 「바로 나를 사려고 하는 회색 눈의 남자가 있었다. 나는 그가 나를 다루는 방식으로 보아 그가 말에 익숙하다는 것을 알았다. 그는 나를 사려고 했지만 그 액수가 너무 적어서 거절당했다. 매우 거칠고 큰 목소리의 남자가 그 다음에 와서 더 나은 액수를 제시하였기 때문에 그가 나를 가지게 될까 매우 무서웠다. 그러나 회색 눈의 남자는 나를 쓰다듬으면서 "흠, 내 생각에 우린 잘 맞을 거야."라고 말했고 그는 입찰 가격을 올렸으며 파는 사람은 "낙찰"이라고 말했다.」

10 다음 밑줄 친 표현 중 어법상 가장 옳지 않은 것을 고르시오.

> We try to support the present with the future and ①think of arranging things we cannot control, for a time we have no ②certainty of reaching. ③Examine your thoughts, and you will find them wholly ④to occupy with the past or the future.

> **Tip》** wholly 전적으로, 완전히
>
> ④ to occupy → occupied find가 5형식 동사로 사용되어 목적어와 목적격 보어를 취하고, 목적어 them과 occupy는 수동의 의미를 가지는 관계이기 때문에 과거분사인 occupied가 적절하다.
>
> 「우리는 미래로 현재를 지탱하려고 하며, 우리가 도달한다는 확실함이 없는 시간을 위해 우리가 통제할 수 없는 것들을 조정하려고 생각한다. 당신의 생각을 점검해 봐라, 그러면 당신은 그 생각들이 과거나 미래에 완전히 사로잡혀 있다는 것을 알게 될 것이다.」

Answer 》   8.① 9.① 10.④

11 다음 문장 중에서 올바른 표현은?

① Have you had the good times at the party last night?

② At the federal court he was found guilty of murder.

③ The teacher was angry from the girl because she didn't do her homework.

④ John felled down on ice and broke his leg last week.

> Tip》 break one's leg 다리가 부러지다   do one's homework 숙제를 하다   find 판결하다   be found guilty 유죄로 판결(평결)되다   murder 살인
> ① Have you had the good times → Did you have a good time. 명백한 과거를 나타내는 부사구 last night가 있으므로 과거시제가 되어야 하며, '좋은 시간을 보내다'는 have a good time이다.
> ③ from → with, '~에게 화가 나다'는 be angry with(사람) / at(감정·사물·사건) / about(사물·사건)이며, because절 내에 didn't는 조동사, do는 일반동사로 do동사가 쓰였다.
> ④ felled → fell, '넘어지다'라는 뜻의 동사 fall의 과거형은 fell(fall-fell-fallen)이다.
> ① 당신은 지난 밤 파티에서 좋은 시간을 보냈습니까?
> ② 연방법원에서 그는 살인죄를 판결 받았다.
> ③ 그 선생님은 그 소녀에게 화가 났다. 왜냐하면 그녀가 숙제를 하지 않았기 때문이다.
> ④ 지난 주 John은 빙판 위에 넘어져서 다리가 부러졌다.

12 다음 문장 중에서 올바른 표현은?

① She said that he works for a bank.

② She told her son that the earth went around the sun.

③ George lost the pen that his mother had bought for him.

④ We will have a party if the weather will be good.

> Tip》 ① She said that he worked for a bank. (그녀는 그가 은행에서 일한다고 했다.)
> 주절과 종속절의 시제는 일치시켜야 한다.
> ② She told her son that the earth goes around the sun. (그녀는 아들에게 지구가 태양 주위를 돈다고 말했다.)
> 주절과 종속절의 시제는 일치시키는 것이 기본이지만 '불변의 진리'는 항상 현재시제로 쓰는 것에 유의한다.
> ③ (George는 어머니께서 생일 선물로 사 주신 펜을 잃어버렸다.) 잃어버렸다는 과거의 시점보다 앞선 시점(대과거)에 어머니께서 펜을 사 주셨기 때문에 had p.p.를 쓰는 것이 옳다.
> ④ We will have a party if the weather is good. (만약 날씨가 좋다면 우리는 파티를 열 것이다.) 조건을 나타내는 부사절에서는 미래시제 대신 현재시제를 사용한다.

Answer》   11.② 12.③

수동태 04

① 능동태와 수동태

(1) 능동태

주어가 의지를 가지고 능동적으로 동작을 행하는 형태.

I **broke** the vase yesterday.

Jeff **caught** the thief on the street.

(2) 수동태 (be + p.p.)

능동태 문장의 목적어가 주어로 바뀐 형태로 주어의 의지 없이 by 이하의 행위자에게 어떤 동작을 당하는 형태.

The vase **was broken by** me yesterday.

The thief **was caught by** Jeff on the street.

(3) 태의 전환(능동태 → 수동태)

① 능동태의 목적어 → 수동태의 주어

② 능동태의 동사 → be+p.p.

③ 능동태의 주어 → by+목적격

> Point 〉 능동태의 목적어가 수동태의 주어로 바뀌므로 목적어가 존재하는 3, 4, 5형식만이 수동태 문장으로 전환
> 이 가능하다.

> Point 〉 수동태가 잘 쓰이는 경우
> ㉠ 동작을 행한 주체를 잘 모르는 경우
> My bag was stolen yesterday.
> The man was killed in the war.

ⓛ 동작을 행한 주체가 별로 중요하지 않거나 문맥상 명백한 경우

I was born on May 5th, 1998.

This car was made in Italy.

ⓒ 동작을 행한 주체가 막연한 일반인인 경우

English is spoken in Canada.

Aspirin is used for pain.

❷ 수동태의 시제

(1) 기본시제의 수동태

① 현재 : am/are/is + p.p.

I do it. →It is done by me.

② 과거 : was/were + p.p.

I did it. →It was done by me.

③ 미래 : will be + p.p.

I will do it. →It will be done by me.

(2) 완료시제의 수동태

① 현재완료 : have/has been + p.p.

I have done it. →It has been done by me.

② 과거완료 : had been + p.p.

I had done it. →It had been done by me.

(3) 진행시제의 수동태

① 현재진행 : am/are/is being+p.p.

I am doing it. →It is being done by me.

② 과거진행 : was/were being+p.p.

I was doing it. →It was being done by me.

③ 문형별 수동태

(1) 3형식(S+V+O)

① 능동태의 3형식을 수동태로 고치면 1형식 문장이 된다.

② 능동태의 목적어는 수동태의 주어가 된다.

③ 능동태의 동사는 be+p.p.의 형태로 바뀐다.

④ 능동태의 주어는 일반적으로 전치사 by+목적격으로 표시된다.

The man stole my car. → My car was stolen by the man.

The police arrested her for shoplifting. → She was arrested for shoplifting (by the police). 그녀를 체포한 사람이 명백하므로 생략 가능

(2) 4형식(S+V+I.O+D.O)

목적어가 2개이므로 만들 수 있는 수동태의 모양도 두 가지이다. 직접 목적어를 주어로 수동태를 만들 경우, 수여동사의 종류에 따라 간접 목적어 앞에 to, for, of 등의 전치사가 나타나며 수동태 문장에서는 그 전치사를 생략하기도 한다.

The company offered him a new job.

→ He was offered a new job by the company. (간접 목적어를 주어로 둠)

→ A new job was offered (to) me by the company. (직접 목적어를 주어로 둠)

직접 목적어만을 주어로 수동태 문장을 만들 수 있는 동사

buy, sell, pass, make, choose, write, read, …

My parents bought me a new computer.

→ A new computer was bought for me by my parents. (O)

→ I was bought a new computer by my parents. (X)

(3) 5형식(S+V+O+O.C)

① 5형식 문장을 수동태로 고치면 2형식 문장이 된다.

② 능동태의 목적어가 수동태의 주어가 되며, 목적보어는 수동태의 주어가 될 수 없다.

They elected him President.

→ He was elected president (by them). 행위자가 특정인이 아니라 일반적인 사람들일 경우 by+목적격은 생략되곤 한다.

His classmates call Tommy a fool.

→ Tommy was called a fool by his classmates.

④ 주의해야 할 수동태

(1) 지각동사, 사역동사의 수동태

지각동사와 사역동사의 목적격 보어는 동사원형, 현재분사, 과거분사가 쓰인다. 목적격 보어가 현재/과거 분사일 경우에는 그대로 사용할 수 있지만 동사원형 목적격 보어는 to부정사로 바뀐다.

The news made Roy surprised.

→ Roy was made surprised by the news.

We heard the girls sing on the stage.

→ The girls were heard to sing on the stage (by us).

(2) 목적어가 명사절인 경우

목적어가 that이 이끄는 명사절인 경우에는 가주어 it을 주어로 사용하거나 that절의 주어를 수동태 문장의 주어로 사용할 수 있다. 단, 목적어인 명사절의 시제가 주절의 시제보다 앞설 때는 to have p.p.를 사용하도록 한다.

They(People) + V + that + S + V

→ It + be + p.p. + that + S + V

→ S + be + p.p. + to 동사원형

People believed that Roy was innocent.

→ It was believed that Roy was innocent.

→ Roy was believed to be innocent.

They say that she was a clever student.

→ It is said that she was a clever student.

→ She is said **to have been** a clever student.

(목적어의 시제가 주절의 시제보다 앞섰으므로 to have p.p.를 사용한 형태가 되었다.)

(3) 동사구의 수동태

동사구가 문장의 동사로 쓰인 경우, 동사구 전체를 하나의 동사로 취급하여 수동태로 고친다.

look for, make out, laugh at, catch up with, put off, take care of, …

They **refer to** Tomas **as** Tom.

→ Tomas **is referred to as** Tom.

All the students **look up to** their teacher.

→ Their teacher **is looked up to** by all the students.

(4) by 이외의 전치사를 쓰는 수동태

She **is married to** the man of her dreams.

Betty **is satisfied with** the news.

Rachel **was surprised at** the sight.

Peter **is interested in** gardening.

Point 〉그 외의 관용적인 표현
ㄱ be made of~ : ~로 만들어지다(물리적 변화).
ㄴ be made from~ : ~로 만들어지다(화학적 변화).
ㄷ be covered with~ : ~로 덮여 있다.
ㄹ be known to~ : ~에게 알려지다(대상, 사람).
ㅁ be known by~ : ~의해서 알려지다(특기, 장기).
ㅂ be known as~ : ~로 알려지다(자격, 신분).

1 다음 중 문법적으로 옳지 않은 것은?

① I proposed that the money be spent on library books.
② It is natural that you should get angry.
③ She is surprising at the news.
④ The airplane took off 10 minutes ago.

> **Tip》** ③ surprise(깜짝 놀라게 하다) 등 감정을 나타내는 동사가 사람을 주어로 하는 때에는 수동태로 표현되어 사람주어
> 의 심리상태를 나타낸다.
> ① 나는 그 돈을 도서관에 책을 구입하는 데 쓰자고 제안했다.
> ② 네가 화내는 것도 당연하다.
> ③ 그녀는 그 소식에 놀랐다.
> ④ 그 비행기는 10분 전에 이륙했다.

2 다음 문장의 밑줄 친 부분 중 문법적으로 옳지 않은 것은?

Gold leaf ① <u>being</u> often used ② <u>to</u> decorate ③ <u>surface of</u> picture ④ <u>frames</u> and furniture.

> **Tip》** ① 의미상 동사는 수동의 형태가 되어야 하므로 being이 is가 되어야 한다.
> 「금박은 종종 그림액자와 가구의 표면을 장식하는 데 사용되곤 한다.」

3 다음 빈칸에 들어갈 말로 적절한 것은?

> The animal may (　　) you.

① attack
② be attacked
③ attacked
④ attacking

> **Tip》** may(조동사) 뒤이므로 동사 원형이며, 목적어(you)가 있으므로 능동의 attack이 적절하다.
> 「동물이 당신을 공격할지도 모른다.」

4 다음 글의 흐름상 어색한 부분이 있는 곳은?

> ①Madam Curie examined, ②one after another, all the elements ③that were then known by the world. ④She worked day and night only to find that none of them gave off the rays.

> **Tip》** Marie Curie 폴란드 태생의 프랑스 물리학자·화학자, 라듐 및 폴로늄의 발견자　only to 단지 ~할 뿐　give off (빛 등을)발하다　ray 광선, 방사선
> ③ known by → known to, 문맥상 '세상에 알려진'이란 뜻이 되어야 한다.
> 「퀴리 부인은 당시 세상에 알려진 모든 원소들을 하나하나 차례로 조사했다. 그녀는 밤낮으로 일했으나 결국 그 원소들 중 아무것도 방사선들을 발하지 않는다는 것을 발견했을 뿐이었다.」

Answer 》》 1.③ 2.① 3.① 4.③

5 다음 빈칸에 들어갈 알맞은 것은?

> A : Your daughter has two children, doesn't she?
> B : That's right. She _____ in 1970.

① did marriage   ② was married

③ married   ④ got married

> **Tip** 》》 was married는 결혼한 상태이며, got married는 동작 수동태이다. in 1970이 있으므로 ④가 적절하다.
>
> 「A : 당신의 딸은 아이가 둘이지요, 그렇지 않나요?
> B : 맞습니다. 제 딸은 1970년에 결혼했어요.」

6 다음 문장 중 문법적으로 옳은 것은?

① Tom must have been being interrogated by the police at that moment.

② Tom must have being been interrogated by the police at that moment.

③ Tom must be having been interrogated by the police at that moment.

④ Tom must be being had interrogated by the police at that moment.

> **Tip** 》》 must have p.p. ~했음에 틀림없다(과거의 일에 대한 확실한 추측)
>
> 「Tom은 그 순간 경찰에 의해 심문받고 있는 중이었음에 틀림없다.」
>
> ※ **현재완료진행형 수동태** : 현재완료형의 수동태와 진행형이 함께 쓰인 문장이다.
>   ㉠ **진행형의 수동태** : be + being + p.p.의 형태로 표현한다.
>   ㉡ **완료형의 수동태** : have + been + p.p.의 형태로 표현한다.
>   ㉢ **현재완료진행의 수동태** : have + been + being + p.p의 형태로 표현한다.

7 다음 문장의 밑줄 친 부분의 옳은 형태는?

> Once the Gulf oil reserves <u>exhaust</u>, there will be no strategic interest of the West in that region and the world will no more observe military confrontation or mobilization of the type witnessed in recent years.

① are exhausted

③ have exhausted

② was exhausted

④ has exhausted

> **Tip** 》 reserve 비축, 축적, 매장량   strategic 전략상의   interest 흥미, 관심, 이해, 이익   confrontation 직면, 대립   mobilization 동원, 유통   witness 목격하다, 증언하다
> ① Once the Gulf oil reserves exhaust에서 the Gulf oil reserves가 주어이므로 exhaust는 동사가 되어야 한다. 이때 exhaust는 의미상 수동형이 되어야 하며, 주절이 미래시제이므로 종속절(Once절)에는 현재시제를 써서 미래를 표시한다(시간·조건의 부사절에서 주절의 동사가 미래일 경우 현재를 써서 미래를 표시한다. 다만, 주절의 동사가 현재일 경우에는 미래를 쓴다).
> 「일단 걸프지역의 석유매장량이 고갈된다면, 그 지역에서 서구의 전략상 이익은 없을 것이고, 세계는 최근에 목격된 유형과 같은 군사대립이나 동원을 더 이상 볼 수 없을 것이다.」

8 다음 밑줄 친 부분 중 옳지 않은 것은?

> Snow ⓐ<u>was</u> ⓑ<u>sweeping</u> into ⓒ<u>drafts</u> ⓓ<u>by</u> the wind.

① ⓐ

③ ⓒ

② ⓑ

④ ⓓ

> **Tip** 》 ② sweeping → swept, 'by + 목적격' 앞에 수동형이 필요하다.
> 「눈이 바람에 의해 통풍구 속으로 휩쓸려 들어갔다.」

Answer 》 5.④ 6.① 7.① 8.②

CHAPTER 05 조동사

① do

(1) 일반동사의 부정문, 의문문

Jake doesn't want to meet her.

Do you know who the girl is?

(2) 도치문

강조한 말+do+S+동사원형

Never did she think that way. (그녀는 결단코 그런 식으로 생각하지 않았다.)

Not only do they need water but also food. (그들은 물뿐 아니라 음식도 필요했다.)

(3) 동사 강조

I do love you. (나는 정말로 당신을 사랑한다.)

Do wash the dishes by 8 o'clock. (8시까지 꼭 설거지를 해라.)

(4) 대동사

반복되는 명사 대신 대명사를 사용하는 것처럼, 반복되는 동사 대신 대동사 do를 사용한다.

I love you my family as you do. (네가 그런 것처럼 나도 가족을 사랑한다.)

My sister plays the violin better than he does. (내 여동생은 그가 하는 것 보다 바이올린을 더 잘 연주한다.)

❷ can

(1) 가능

Amy can(=is able to) swim in the sea.

I can(=am able to) bake a cake for myself.

(2) 강한 의심

(의문문에서) ~일 수 있을까

Can the rumor be true? (과연 그 소문이 사실일까)

Can he do the work? (과연 그가 그 일을 할 수 있을까)

(3) 추측

must(~임에 틀림없다) ↔ cannot (~일리 없다)

She can't be rich. (그녀가 부자일리 없다.)

He can't pass the exam. (그가 시험에 통과할리 없다.)

(4) 관용표현

① can not help ~ing(=can't but+동사원형)

　She can't help laughing at the news.

　= She can't but laugh at the news.

　He cannot help following his mom's advice.

　= He cannot but follow his mom's advice.

② as ~ as can be : 더할 나위 없이 ~하다.

　She is as happy as can be. (그녀는 더할 나위 없이 행복하다.)

　The boy is as mean as can be. (그 소년은 더할 나위 없이 비열하다.)

③ as ~ as one can : …가 ~할 수 있는 한 (=as 원급 as possible)

　Write me back as soon as you can.

　She ate as much as she could.

④ cannot ~ too : 아무리 ~해도 지나치지 않다.

　I can't thank you too much.

　Kate cannot praise his son too much.

⑤ cannot so much as ~ : ~조차 하지 못한다.

    Linda cannot so much as make fried egg.

    She can't so much as spell her own name.

③ must

(1) 의무, 필요

~해야만 한다(=have to)

She must clean her room right now.

I must do my homework for myself.

(2) 금지

must not ~해서는 안 된다.

You must not park here.

You must not do such a thing.

(3) 강한 추측

~임에 틀림없다 ↔ cannot ~일리 없다

She must be rich. (그녀는 부자임에 틀림없다.)

You must here that I call you. (너는 내가 부르는 소리를 들은 것이 틀림없다.)

④ may, might

(1) 허가

~해도 좋다 = can

May I go home now?

You may use my cell phone.

(2) 불확실한 추측

~일지도 모른다.

She may come to my birthday party. (그녀는 내 생일파티에 올지 모른다.)

I think he may pass the exam. (나는 그가 그 시험에 통과할지 모른다고 생각한다.)

(3) 기원

문장 앞에 may를 쓰면 기원문이 된다.

May you live long! (만수무강 하소서!)

May you succeed! (성공을 빈다!)

(4) 희망 · 충고(might)

~하는 것이 좋겠다.

You might follow the rule. (너는 규칙을 지키는 것이 좋겠다.)

You might come early. (너는 일찍 오는 것이 좋겠다.)

(5) 관용표현

① (so) that+S+may+동사원형~ : ~하기 위하여

He studied hard (so) that he may pass the exam.

You should come home early (so) that we may have dinner together.

② may well+동사원형~ : ~하는 것은 당연하다.

You may well think that your sister is cute.

Kate may well get angry.

③ may(might) as well+동사원형~ : ~하는 것이 더 낫다.

You may as well stay at home tonight.

We might as well get up early.

> Point 〉 중요 표현
> ㉠ cannot+동사원형/have p.p.
> • cannot+동사원형 : ~일 리가 없다[=It is impossible that S+V(현재)~]
> • cannot have+p.p. : ~이었을 리가 없다[=It is impossible that S+V(과거)~]
> ㉡ must+동사원형/have p.p.
> • must+동사원형 : ~임에 틀림없다[=It is certain that S+V(현재)~]
> • must have+p.p. : ~이었음에 틀림없다[=It is certain that S+V(과거)~]
> ㉢ may+동사원형/have p.p.
> • may+동사원형 : ~일지도 모른다[=It is possible that S+V(현재)~]
> • may have+p.p. : ~이었을지도 모른다[=It is possible that S+V(과거)~]

❺ will(would)

(1) 확실한 추측

~일 것이다.

She took the bus an hour ago. She would be at home.

That will be my sister's book.

(2) 공손한 표현

Would 주어 동원원형? : ~해주시지 않겠습니까?

Would you do me a favor?

Would you mind closing the window?

(3) 과거의 습관

would 동사원형 : ~하곤 했다(불규칙적 습관).

She would sit for hours watching TV.

He would take a walk with his dog.

(4) 현재의 습성, 경향

will : ~하기 마련이다.

Children will be noisy.

Accidents will happen.

(5) 현재의 거절, 고집

~하려고 한다.

He will have his way in everything.

This door will not open.

(6) 과거의 거절, 고집

~하려고 했다.

He would not come to the party after all my invitation.

I offered him money, but he would not accept it.

(7) 희망, 욕구

He who would succeed must work hard.

(8) 관용표현

① would like to+동사원형 : ~하고 싶다.

Would you like to have some water?

I'd like to go to the museum with you.

② would rather … (than~) : (~하느니) 차라리 …하겠다.

I'd rather go home right now.

She would rather not see him.

6 should

(1) 의무, 당연

~해야만 한다(=ought to).

We should wear swimming cap.

You should not open the window when you sleep.

(2) 유감, 후회

~했어야 했는데 (하지 않았다) : should have+p.p.

I should have paid more attention to my sister.

I'm sorry, I should not have lost your key.

(3) 이성적 판단 및 감정적 판단

It is 다음에 necessary, important, natural, right, wrong, reasonal, strange, surprising, a pity 등이 오면 that절에 should를 쓴다.

It is necessary that you should go there.

It is surprising that he should be so foolish.

(4) 주장, 명령, 요구, 제안

주절의 동사가 명령, 주장, 제안, 요구(insist, order, demand, suggest, propose) 등의 의지를 표현할 때 종속절에는 (should)+동사원형을 쓴다.

Chris insists that Laura (should) attend the meeting.

I suggest that we (should) finish the work by tomorrow.

⑦ ought to

(1) 의무, 당연

~해야 한다.

You ought to see a doctor.

We ought not to drink too much.

(2) 유감, 후회

ought to have+p.p. : ~했어야 했는데 (하지 않았다)

You ought to have consulted with me.

She ought to have told him that matter yesterday.

⑧ used to

(1) 과거의 규칙적 습관

늘 ~하곤 했다.

I used to work out, but now I've stopped.

I used to go to church on sundays.

(2) 과거의 계속적 상태

~였다.

I used to be a fan of his.

There used to be a tall tree on the hill.

(3) 관용표현

① be used to+동사원형 ~에 사용되다.

This machine is used to wash the clothes.

My cell phone is used to play games.

② be used to+~ing ~에 익숙하다.

He is used to keeping a diary in English.

I am used to getting up early.

❾ need, dare

(1) need

~할 필요가 있다.

Need you go so soon? No, I needn't.

You need to type this letter again.

(2) dare

감히 ~하다.

How dare you say that?

I dare not ask.

Q 다음 문장의 빈칸에 들어갈 적절한 표현을 고르시오. 【1~2】

1

> Living in the buildings on his construction site, over 1000 workers _____ in one basement.

① used to sleep
② are used to sleep
③ to be sleeping
④ sleeping

Tip 》 ① 'used to+동사원형'은 '~했었다, ~하곤 했다'라는 의미로, 현재에는 그렇지 않은 과거의 상태를 나타내거나 현재에는 더 이상 하지 않는 과거의 습관을 나타내므로 내용상 빈칸에는 used to sleep이 적절하다.
※ 유사한 형태의 구문인 'be used to+동사원형'(~하는 데 사용되다)과 'be used to -ing'(~하는 데 익숙하다)와 혼동하지 않도록 유의해야 한다.
「공사 현장에 있는 건물에 살면서, 1,000명 이상의 일꾼들이 한 지하실에서 잠을 자곤 했다.」

2

> The boss ordered that all the employees _____ punctual.

① are
② be
③ will be
④ have been

Tip 》 ② 주절의 동사가 주장 · 명령 · 요구 · 제안 · 희망 등의 의미를 나타낼 때(order, insist, demand, suggest, propose, etc) 종속절(that절)의 동사는 '(should)+동사원형'의 형태를 취한다.
「사장은 모든 사원들에게 시간엄수를 명령했다.」

3

> On the way to school, I found a dollar. I think it ( ) have fallen out of somebody's pocket.

① need

② dare

③ must

④ should

> **Tip** 》 must have p.p. : ~했음에 틀림없다(과거의 일에 대한 강한 추측)
>
> 「학교 가는 길에 나는 1달러를 찾았다. 나는 그것이 누군가의 주머니에서 떨어졌음에 틀림없다고 생각한다.」

4

> Please _____ a favor for me.

① give

② ask

③ allow

④ do

> **Tip** 》 do ~ a favor ~의 부탁을 들어주다.
>
> 「제 부탁 좀 들어주세요.」
>
> ※ 부탁의 표현
>
>   ㉠ Would you do me a favor? (= Would you do a favor for me?)
>
>   ㉡ Might I ask you a favor? (= Might I ask a favor of you?)

Answer 》 1.① 2.② 3.③ 4.④

5 다음 중 어법에 맞는 표현을 골라 짝지은 것으로 가장 적절한 것은?

> I worried about the missing gloves all evening. I tried to remember exactly what I had done from the time I left the store until the time I got home. I remembered that I had looked at the gloves while I was eating lunch. I remembered to show the gloves to a friend on the bus. I (can't / needn't) have left them in the restaurant. I must have taken them with me on the bus. Since I went directly from the bus to my house, I (must / should) have left the gloves on the bus. I was in a hurry to get off, and I must have forgotten to check the package I put on the floor. I (won't / shouldn't) have been in such a hurry.

① can't – must – won't   ② can't – should – shouldn't

③ can't – must – shouldn't   ④ needn't – should – won't

Tip 》 missing 잃어버린   package 소포, 짐, 꾸러미
can't have + p.p. : ~했을 리가 없다   needn't have + p.p. : ~할 필요가 없었다
must have + p.p. : ~했음에 틀림없다   should have + p.p. : ~했어야 했다
should not have + p.p. : ~하지 말았어야 했다

「나는 잃어버린 장갑에 대해 저녁 내내 걱정을 했다. 내가 가게를 나섰던 때부터 집에 왔을 때까지 내가 했던 것을 정확하게 기억해 내려고 애를 썼다. 내가 점심을 먹는 동안에 장갑을 보았던 것이 기억이 났다. 버스에서 친구에게 장갑을 보여주었던 것이 생각났다. 내가 식당에 장갑을 두고 왔을 리가 없었다. 내가 장갑을 갖고 버스를 타고 왔던 것이 틀림없었다. 버스에서 집으로 직접 갔기 때문에 장갑을 버스에 놓고 내렸음에 틀림없었다. 서둘러 버스에서 내렸으나 나는 버스 바닥에 놓았던 짐을 확인해야 할 것을 깜박 잊었던 것이 틀림없다. 나는 그렇게 서두르지 말았어야 했다.」

6 다음 문장의 빈칸에 공통으로 들어갈 수 있는 것은?

> • He suggested your friend _____ be more careful.
> • You _____ have paid attention to his advice.
> • It is quite natural that you _____ take care of your old parents.

① would   ② must

③ could   ④ should

Tip 》 pay attention to ~에 주의하다, 유의하다 take care of ~을 돌보다, 보살피다

ㄱ 주절에 제안동사(suggest)가 있으므로 your ~ careful에 이르는 종속절의 동사는 'should + 동사원형'으로 한다.

ㄴ should have p.p.는 '~했어야 했는데(하지 않았다)'의 의미로 과거사실에 대한 후회·유감을 나타낸다.

ㄷ 주절에 이성적 판단의 형용사(natural)가 있으므로 that ~ parents에 이르는 종속절의 동사는 'should + 동사원형'으로 한다.

「• 그는 네 친구가 좀 더 신중해야 한다고 제안했다.
• 너는 그의 충고에 유의했어야 했다.
• 네가 나이든 부모님을 돌보는 것은 지극히 당연하다.」

7 다음 빈칸에 들어갈 말로 적절한 것은?

Improvisation is an important part of jazz. This means that the musicians make the music up as they go along, or create the music on the spot. This is why a jazz song might _____ each time it is played.

① sounds a little different

② sounds a little differently

③ sound a little differently

④ sound a little different

Tip 》 improvisation 즉흥연주, 즉석에서 하기 make up 작곡하다, 만들어내다 on the spot 즉석에서, 그 자리에서

④ '조동사(might) + 동사원형(sound)'의 형태를 취하며, 감각동사 뒤에는 형용사가 보어로 위치한다(부사 아님에 주의).

「즉흥연주는 재즈의 중요한 부분이다. 이것은 음악가들이 연주하면서, 또는 즉석에서 작곡한다는 의미이다. 이것이 바로 재즈가 연주될 때마다 조금씩 다르게 들리게 되는 이유이다.」

Answer 》 5.③ 6.④ 7.④

다음 글의 흐름으로 보아, 어법상 적절하지 않은 문장을 고르시오. 【8~9】

8

① Both Michael and Denny like nature and outdoor sports and are fond of hiking, swimming and jogging. ② They are both interested in music, ③ but Denny prefers country western and rock, ④ while Michael would rather to listen to classical music. In reading, their tastes are similar and they both enjoy reading books about history.

> **Tip》** out door sports 야외운동   prefer 선호하다, 더 좋아하다
> ④ would rather + 동사원형(차라리 ~하는 편이 더 낫다)이므로 'to listen'이 아니라 'listen'이 되야 한다.
>
> 「Michael과 Denny는 둘 다 자연과 야외 스포츠를 좋아하고 하이킹, 수영, 그리고 조깅을 좋아한다. 그들은 둘 다 음악에 관심이 있다. 그러나 Denny는 컨트리 음악과 락을 좋아하는 반면에 Michael은 클래식 음악 듣기를 더 좋아한다. 독서에 관해서 그들의 기호는 비슷하고 둘 다 역사에 관한 책을 읽는 것을 좋아한다.」

9

① My husband is used to being a pilot for the air force in Prince Albert. ② One day I told him I was concerned about his taking a plane up for the first time. ③ It had been repaired just before the flying. ④ "Don't worry, dear," he reassured me. "The mechanic knows he'll be going up with me."

> **Tip》** air force 공군   be concerned about ~을 걱정하다, 염려하다
> ① used to + 동사원형(과거의 상태나 습관)이므로 'being'이 아니라 'be'가 되어야 한다.
>
> 「나의 남편은 Prince Albert의 공군 조종사였다. 어느 날 나는 처음으로 그가 비행하는 것이 걱정된다고 그에게 말했다. 그 비행기는 비행하기 바로 전에 수리된 것이었다. "걱정 말아요." 그는 나에게 확신을 주었다. "기술자 자신도 나와 함께 비행하게 되리라는 걸 알고 있거든요."」

Answer 》》 8.④ 9.①

가정법 06

① 가정법의 기본

(1) 가정법 과거

If + 주어 + 동사의 과거형(be동사는 were) + 주어 + 조동사의 과거형 + 동사원형

현재 사실의 반대되는 일. 혹은 현재나 미래에 실현 가능성이 희박한 일에 대한 가정 표현.

(2) 가정법 과거 완료

If + 주어 + had p.p. + 주어 + 조동사의 과거형 + have p.p.

과거 사실의 반대되는 일에 대한 가정 표현.

(3) 가정법 현재

If + 주어 + 현재시제 + 주어 + 조동사의 현재형 + 동사원형

현재 · 미래사실에 대한 단순한 가정 표현.

(4) 가정법 미래

If + 주어 + should + 동사원형 + 주어 + 조동사의 현재형(과거형) + 동사원형

비교적 실현가능성이 없는 미래를 가정하는 표현.

완벽하게 불가능한 일을 가정 할 경우에는 [If + 주어 + were to + 동사원형 + 주어 + 조동사의 과거형 + 동사원형]의
형태를 사용한다.

> Point 〉 가정법을 직설법으로 전환하는 방법
> ㉠ 접속사 If를 as로 바꾼다.
> ㉡ 가정법 과거는 현재시제로, 가정법 과거완료는 과거시제로 고친다.
> ㉢ 긍정은 부정으로, 부정은 긍정으로 바꾼다.

If I had time, I could read your book. (가정법 과거)

= As I don't have time, I can't read your book. (직설법 현재)

= I don't have time, so I cant' read your book. (직설법 현재)

If it had rained yesterday, I could not have gone out. (가정법 과거완료)

= As it didn't rain yesterday, I could go out. (직설법 현재)

= It didn't rain yesterday, so I could go out. (직설법 현재)

❷ 가정법 과거, 과거완료

(1) 가정법 과거

① If + 주어 + 동사의 과거형(be동사는 were) + 주어 + 조동사의 과거형 + 동사원형(조동사의 과거형 : would / might / should / could …)

② 현재의 사실에 반대되는 일을 가정하는 것으로, if절에서는 주어의 인칭·수에 관계없이 be동사는 were를 쓰고, 현재형으로 해석한다.

If I knew his address, I could write to him at once. (가정법 과거)

= As I don't know his address, I can't write to him at once. (직설법 현재)

If I were a bird, I could fly to you. (가정법 과거)

= As I am not a bird, I can't fly to you. (직설법 현재)

(2) 가정법 과거완료

① If + 주어 + had p.p. + 주어 + 조동사의 과거형 + have p.p.

② 과거의 사실에 반대되는 일을 가정하는 것으로, 해석은 과거형으로 한다.

If I had studied harder, I could have passed the test. (가정법 과거 완료)

= As I didn't study harder, I couldn't pass the test.

If you had done it at once, you could have saved him. (가정법 과거 완료)

= As you didn't do it at once, you could not save him. (직설법 과거)

> Point 〉 혼합가정법 : 과거의 사실이 현재에까지 영향을 미치고 있는 경우 현재에 영향을 미치는 과거의 사실과 반대되는 일을 가정하는 것으로 'If + 주어 + had p.p. + 주어 + 조동사 과거형 + 동사원형'의 형식으로 나타낸다.
> If she had not finished her work, she would not be here.
> = As she finished her work, she is here now.
> = She is here now because she finished her work.

③ 가정법 현재, 미래

(1) 가정법 현재

① If + 주어 + 현재시제 + 주어 + 조동사의 현재형 + 동사원형

② 현재 또는 가까운 미래의 불확실한 일을 가정하여 상상한다.

③ 현대 영어에서는 if절의 동사를 주로 현재형으로 쓰며, 거의 직설법으로 취급된다.

If it is sunny tomorrow, I will go on a picnic.

If he is healthy, I will employ him.

(2) 가정법 미래

① If + 주어 + should + 동사원형 + 주어 + 조동사의 현재형(과거형) + 동사원형

실현가능성이 그리 높지 않은 미래의 일에 대한 가정이다.

If I should fail, I will try again.

If she should die suddenly, her family would starve to death.

② If+주어+were to+동사원형, 주어+would(should, could, might)+동사원형

절대 실현 불가능한 미래의 일에 대한 가정일 경우 'If + 주어 + were to + 동사원형 + 주어 + 조동사의 과거형 + 동사원형'을 사용한다.

If I were to be born again, I would be a doctor.

If the sun were to rise in the west, I would change my mind.

④ 주의해야 할 가정법

(1) I wish 가정법

① I wish+가정법 과거 : ~하면 좋을 텐데(아니라서 유감스럽다). 가정하는 사실의 시점이 주절의 시점과 같을 경우 사용하며 현재사실에 반대되는 소망이다

I wish I were smart.

= I am sorry that I am not smart.

I wished I were smart.

= I was sorry that I was not smart.

② I wish＋가정법 과거완료 : ~했으면 좋았을 텐데(아니라서 유감스럽다). 가정하는 사실의 시점이 주절의 시점보다 앞설 경우 사용하며 과거사실에 반대되는 소망이다.

I wish I had been smart.

= I am sorry that I was not smart.

I wished I had been smart.

= I was sorry that I had been smart.

> Point 〉 I wish 가정법을 직설법으로 전환
> ㉠ I wish를 I am sorry로, I wished는 I was sorry로 바꾼다.
> ㉡ wish 뒤의 절에서 과거는 현재시제로, 과거완료는 과거시제로 고친다. wished 뒤의 절에서는 시제를 그대로 둔다.
> ㉢ 긍정은 부정으로, 부정은 긍정으로 바꾼다.
> I wish you were my boyfriend.
> = I am sorry that you are not my boyfriend.
> = It is a pity that you are not my boyfriend.
> I wish you had been my boyfriend.
> = I am sorry that you were not my boyfriend.
> = It is a pity that you were not my boyfriend.
> I wished you were my boyfriend.
> = I was sorry that you were not my boyfriend.
> = It was a pity that you had not been my friend.

(2) as if 가정법

'마치 ~처럼'의 뜻으로 쓰인다.

① as if＋가정법 과거 : 마치 ~인 것처럼. I wish 가정법과 마찬가지로 주절과 종속절의 시제가 일치할 때 사용하며 현재의 사실에 대한 반대 · 의심이다

He talks as if he knew the fact. (In fact he doesn't know the fact.)

He talked as if he knew the fact. (In fact he didn't know the fact.)

② as if＋가정법 과거완료 : 마치 ~였던 것처럼. 종속절이 주절보다 한 시제 앞설 경우 사용하며 과거의 사실에 대한 반대 · 의심이다.

He talks as if he had known the fact. (In fact he didn't know the fact.)

He talked as if he had known the fact. (In fact he had not known the fact.)

(3) if only＋가정법 과거(과거완료)

'~한다면(했다면) 얼마나 좋을(좋았을)까'의 뜻으로 쓰인다.

If only I were married to her!

If only I had been married to her!

⑤ if절 대용어구

if절 대신 조건을 나타내는 표현이다.

(1) 주어

An wise man would not do such a thing.

= If he were an wise man, he would not do such a thing.

A true patriot would not leave his fatherland.

= If he were a true patriot, he would not leave his fatherland.

(2) without [=but(except) for]

① ~가 없다면 : If it were not for~ = Were it not for~ = If there were no~

Without the stick, I couldn't reach the tree.

= If it were not for the stick, I couldn't reach the tree.

Without air and water, we could not live.

= If it were not for air and water, we could not live.

② ~가 없었다면 : If it had not been for~ = Had it not been for~ = If there had not been

Without your advice, he would be ruined.

= If you had not advised him, he would have been ruined.

Without air and water, we could not have lived.

= If it had not been for air and water, we could not have lived.

(3) to부정사

To hear him talk, you would take him for an American.

= If you heard him talk, you would take him for an American.

It would be better for you to start soon.

= It would be better for you if you start soon.

(4) 분사구문

Knowing the whole story, you would not blame her.

= If you knew the whole story, you would not blame her.

Going upstairs, you'll see your shoes.

= If you go upstairs, you'll see your shoes.

(5) 부사(구)

부사(구)에 조건절의 뜻이 포함되어 있는 경우에 if절을 대용한다.

In your place, I would not have done it.

= If I were you (in your place), I would not have done it.

With your help, he could do it.

= If he had your help, he could do it.

(6) 직설법 + otherwise(or, or else)

'그렇지 않다면, 그렇지 않았더라면'의 뜻으로 쓰인다.

I am busy now, otherwise I would go with you.

= If I were not busy, I would go with you.

I always eat breakfast, otherwise I will get hungry during class.

= If I don't eat breakfast, I will get hungry during class.

⑥ 가정법에서의 생략

(1) if의 생략

조건절의 if는 생략할 수 있으며, 이때 주어와 동사의 어순은 도치된다.

If he had tried it once more, he might have succeeded.

= Had he tried it once more, he might have succeeded.

If I were rich, I could help all of them.

= Were I rich, I could help all of them.

(2) 조건절의 생략

if절의 내용이 문맥상 분명한 경우는 생략할 수 있다.

A pin might have been heard to drop.

= If a pin had dropped, it might have been heard to drop.

That would seem strange.

= That would seem strange, if you didn't know the truth.

Q 다음 문장의 빈칸에 들어갈 알맞은 것을 고르시오. 【1~2】

1

_____ him at the right moment, my friend might have failed in that business.

① If you had not advise

② If you were not advised

③ If you has not advised

④ If you had not advised

> **Tip 》** ④ 주절의 형태가 might have p.p.이므로 가정법 과거완료 구문임을 알 수 있다. 따라서 조건절에는 If＋주어＋ had p.p.를 사용한다.
>
> 「바로 그 때 당신이 내 친구에게 충고해 주지 않았다면, 그는 그 사업에서 실패했을지도 모른다.」

2

If the sun _____ rise in the west, my love would be unchanged for good.

① should   ② were

③ were to   ④ shall

> **Tip 》** ③ 실현 불가능한 가정법 미래이므로 were to가 와야 한다.
>
> 「해가 서쪽에서 뜬다고 할지라도 선(善)에 대한 나의 사랑은 변함없을 것이다.」

Answer 》   1.④ 2.③

Q 다음 두 문장의 뜻이 같도록 밑줄 친 부분에 들어갈 알맞은 것을 고르시오. 【3~6】

3

> As you didn't go there, you didn't meet her.
> = If you _____ there, you would have met her.

① would go   ② did go

③ had gone   ④ have gone

> **Tip** ≫ 직설법 과거시제는 가정법 과거완료를 쓴다.
>
> 「당신이 그 곳에 가지 않았기 때문에 당신은 그녀를 만나지 못했다.
>   = 당신이 그 곳에 갔더라면 당신은 그녀를 만났을 것이다.」

4

> I wish it were true.
> = I _____ that it isn't true.

① am sorry   ② would sorry

③ were sorry   ④ will sorry

> **Tip** ≫ I wish + 가정법 과거 = I am sorry + 현재시제
>
> 「그것이 사실이라면 좋을 것이다.
>   = 그것이 사실이 아니라 유감이다.」

5

> If I had time, I could meet him.
> = As I don't have time, I _____ him.

① meet

② can not meet

③ could not meet

④ would meet

Tip 》》 「만일 내가 시간이 있다면, 그를 만날 수 있을 것이다.
= 나는 시간이 없기 때문에 그를 만날 수 없다.」

6

> A woman who had common sense would not do such a thing.
> = A woman, _____, would not do such a thing.

① if she had common sense

② as she has common sense

③ though she has common sense

④ for she didn't have common sense

Tip 》》 would not do로 보아 주어에 가정법 과거의 의미가 들어 있으므로 'if S+과거시제'로 써야 한다.

「상식이 있는 여성이라면 그와 같은 일은 하지 않을 것이다.
= 만약 그녀가 상식이 있다면, 그와 같은 일을 하지 않을 것이다.」

Answer 》》   3.③ 4.① 5.② 6.①

7

> If I found a $ 100 bill on the street, I _____ it.

① would have kept   ② kept

③ will keep   ④ would keep

Tip 》》 가정법 과거 : If + S + 과거시제(were) ~, S + would(could) + 동사원형 …
「내가 거리에서 100달러를 발견한다면, 나는 그것을 가질 것이다.」

8

> _____ he wouldn't be here, I wouldn't have come.

① If I knew   ② If I have known

③ Had I known   ④ Have I known

Tip 》》 'wouldn't have come'을 보면 가정법 과거완료라는 것을 판단할 수 있다.
「그가 이곳에 없다는 것을 알았다면, 나는 오지 않았을 것이다.」

Answer 》》 7.④ 8.③

부정사와 동명사

❶ 부정사

(1) 부정사의 용법

① 부정사의 명사적 용법

　㉠ **주어 역할**: 문장의 주어로 '~하는 것 은/는/이/가'의 뜻을 나타낸다. 문장의 균형상 가주어 it을 문장의 처음에 쓰고 부정사는 문장 끝에 두기도 한다.

　　To be in America was great.

　　= It was great to be in America.

　㉡ **보어 역할**: 주격보어로 쓰여 '~하는 것이다'의 뜻을 나타낸다.

　　To teach is to learn.

　㉢ **목적어 역할**: 타동사의 목적어로 쓰인다. 특히 5형식 문장에서 believe, find, make, think등의 동사가 부정사를 목적어로 취할 때에는 목적어 자리에 가목적어 it을 쓰고, 진목적어인부정사는 문장 뒤에 둔다.

　　I promised Mary to attend the meeting.

　　I made it clear to give up the plan

> **Point** 〉 의문사＋부정사
> When to RV(동사원형) 언제 ~할지
> Where to RV(동사원형) 어디로 ~할지, 어디서 ~할지
> What to RV(동사원형) 무엇을 ~할지
> How to RV(동사원형) 어떻게 ~할지, ~하는 방법
> 의문사＋to부정사는 '의문사＋주어＋조동사(could/should)＋동사원형'으로 고쳐 쓸 수 있다.
> The problem is where to go, not when to go.
> = The problem where we should go, not when we should go.
> He discovered how to open the safe.
> = He discovered how he could open the safe.

② 부정사의 형용사적 용법

　　㉠ 한정적 용법 : 수식받는 명사와 부정사 사이에 성립하는 의미상의 주격·목적격관계는 다음과 같다.

　　　• 명사가 부정사의 의미상의 주어

　　　　She was the only one to survive the crash.

　　　• 명사가 부정사의 의미상의 목적어

　　　　'More haste less speed' is a good rule to follow.

　　　• 명사가 부정사에 딸린 전치사의 목적어 : 부정사의 형태는 'to + 자동사 + 전치사', 'to + 타동사 + 목적어 + 전치사'이다.

　　　　He has nothing to complain about.

　　　　I bought a case to keep letters in.

　　　• 명사와 부정사가 동격관계 : 부정사가 명사를 단순 수식한다.

　　　　He had the courage to admit his mistakes.

　　　　= He had the courage of admitting his mistake.

　　㉡ 서술적 용법 : 부정사가 보어로 쓰인다.

　　　• seem(appear, happen, prove) + to부정사

　　　　She seems to be clever.

　　　　= It seems that she is clever.

　　　• be동사+to부정사의 용법 : 예정[~할 것이다(=will)], 의무[~해야 한다(=should)], 가능[~할수 있다(= can)], 운명[~할 운명이다(=be destined to)]

　　　　The girls are to meet in Seoul. (예정)

　　　　Nothing was to be seen. (가능)

　　　　Kate was never to see her husband. (운명)

③ to부정사의 부사적 용법 : 동사·형용사·부사를 수식하여 다음의 의미를 나타낸다.

　　㉠ 목적 : '~하기 위하여(=in order to do, so as to do)'의 뜻으로 쓰인다.

　　　You should exercise regularly to keep your health.

　　　I went to the store to buy some apples and milk.

　　㉡ 감정의 원인 : '~하니, ~해서, ~하다니, ~하는 것을 보니(판단의 근거)'의 뜻으로 쓰이며, 감정 및 판단을 나타내는 어구와 함께 쓰인다.

　　　Nice to meet you.

　　　I'm sorry to hear that.

ⓒ **조건** : '만약 ~한다면'의 뜻으로 쓰인다.

   She may be disappointed to notice that my grade is better than hers.

ⓔ **결과** : '(그 결과) ~하다'의 뜻으로 쓰이며 'live, awake, grow (up), never, only+to부정사'의 형태로 주로 쓰인다.

   I got up to find a box on my desk.

   = I got up, and found a box on my desk.

ⓜ **형용사 및 부사 수식** : '~하기에'의 뜻으로 쓰이며, 앞에 오는 형용사 및 부사(easy, difficult, enough, too, etc)를 직접 수식한다.

   This book is difficult to read.

   • A enough to do : ~할 만큼 (충분히) A하다(=so A as to do, so A that+주어+can~).

     She is wise enough to solve the problem.

     = She is so wise as to solve the problem.

     = She is so wise that she can solve the problem.

   • too A to do : 너무 A하여 ~할 수 없다(=so A that+주어+cannot~).

     I was too tired to walk home.

     = I was so tired that I couldn't walk home.

(2) 부정사의 의미상 주어

① **의미상 주어를 따로 표시하지 않는 경우** : 부정사의 의미상 주어는 원칙적으로 'for+목적격'의 형태로 표시되지만, 다음의 경우에는 그 형태를 따로 표시하지 않는다.

   ㉠ **문장의 주어나 목적어와 일치하는 경우**

      She promised me to come early.

      He told me to write a letter.

   ㉡ **일반인인 경우**

      It always pays (for people) to help the poor.

   ㉢ **독립부정사인 경우** : 관용적 표현으로 문장 전체를 수식한다.

   Point 〉 독립부정사
   　　　　㉠ to begin(start) with : 우선
   　　　　㉡ so to speak : 소위
   　　　　㉢ strange to say : 이상한 얘기지만
   　　　　㉣ to be frank(honest) : 솔직히 말해서
   　　　　㉤ to make matters worse : 설상가상으로
   　　　　㉥ to make matters better : 금상첨화로
   　　　　㉦ to cut(make) a long story short : 요약하자면

② 의미상 주어의 형태
　　㉠ for＋목적격 : It is＋행위판단의 형용사(easy, difficult, natural, important, necessary, etc)＋for 목적격＋to부정사

　　　It is important to do your work first.

　　㉡ of＋목적격 : It is＋성격판단의 형용사(kind, nice, generous, wise, foolish, stupid, careless, etc)＋of 목적격＋to부정사

　　　It is nice of you to say so.

　　　'It is ～ for(of) 목적격 to부정사'의 문장전환 : 의미상의 주어가 'of＋목적격'의 형태인 경우 문장전환시 문두에 위치할 수 있지만, 'for＋목적격'의 형태인 경우에는 부정사의 목적어만 문두에 위치할 수 있다.

　　　It is easy for him to read the book.

　　　＝ The book is easy for him to read.

　　　It is wise of him to tell the truth.

　　　＝ He is wise to tell the truth.

(3) 부정사의 시제

① 단순부정사 : 'to＋동사원형'의 형태로 표현한다.
　　㉠ 본동사의 시제와 일치하는 경우

　　　He seems to be happy.

　　　＝ It seems that he is happy.

　　㉡ 본동사의 시제보다 미래인 경우 : 본동사가 희망동사(hope, wish, want, expect, promise, intend, etc)나 remember, forget 등일 경우 단순부정사가 오면 미래를 의미한다.

　　　Don't forget to lock the door when you leave.

　　　＝ Don't forget that you should lock the door when you leave.

② 완료부정사 : 'to＋have p.p.'의 형태로 표현한다.
　　㉠ 본동사의 시제보다 한 시제 더 과거인 경우

　　　He seems to have been rich.

　　　＝ It seems that he was(has been) rich.

　　㉡ 희망동사의 과거형＋완료부정사 : 과거에 이루지 못한 소망을 나타내며, '～하려고 했는데 (하지 못했다)'로 해석한다.

　　　I intended to have finished my homework.

　　　＝ I intended to finish my homework, but I couldn't.

(4) 원형부정사

원형부정사는 to가 생략되고 동사원형만 쓰인 것이다.

① **조동사＋원형부정사** : 원칙적으로 조동사 뒤에는 원형부정사가 쓰인다.

> Point 〉 원형부정사의 관용적 표현
> ㉠ do nothing but＋동사원형 : ～하기만 하다.
> ㉡ cannot but＋동사원형 : ～하지 않을 수 없다(＝cannot help＋～ing).
> ㉢ had better＋(not)＋동사원형 : ～하는 것이(하지 않는 것이) 좋겠다.

② **지각동사 + 목적어 + 원형부정사 ～** (5형식) : '(목적어)가 ～하는 것을 보다, 듣다, 느끼다'의 뜻으로 see, watch, look at, notice, hear, listen to, feel 등의 동사가 이에 해당한다.

I felt someone touch my shoulder.

She heard Tom play the violin.

③ **사역동사 + 목적어 + 원형부정사 ～** (5형식)

㉠ '(목적어)가 ～하도록 시키다, 돕다'의 뜻으로 make, have, bid, let, help 등의 동사가 이에 해당한다.

She let me use her computer.

My father makes me study math.

㉡ help는 뒤에 to부정사가 올 수도 있다.

My younger sister helps my father to wash his car.

(5) 기타 용법

① **부정사의 부정** : 'not, never + 부정사'의 형태로 표현한다.

I don't want you not to play computer games.

Tom worked hard not to fail again.

② **대부정사** : 동사원형이 생략되고 to만 쓰인 부정사로, 앞에 나온 동사(구)가 부정사에서 반복될 때 쓰인다.

A : Are you and Mary going to get married?

B : We hope to(＝We hope to get married).

③ **수동태 부정사**(to be＋p.p.) : 부정사의 의미상 주어가 수동의 뜻을 나타낼 때 쓴다.

There is not a moment to be lost.

＝ There is not a moment for us to lose.

❷ 동명사

(1) 동명사의 용법

동사형 + ing의 형태로 동사의 성격을 지닌 채로 명사의 역할(주어, 목적어, 보어)를 하도록 만든 것.

① **주어 역할** : 긴 동명사구가 주어일 때 가주어 It을 문두에 쓰고 동명사구는 문장 끝에 두기도 한다.

Using solar energy is not special.

② **보어 역할**

My dream is traveling around the world.

③ **목적어 역할**

ⓐ **타동사의 목적어** : 5형식 문장에서는 가목적어 it을 쓰고, 동명사구는 문장의 끝에 두기도 한다.

I finished doing the dishes.

I found it unpleasant walking in the rain.

ⓑ **전치사의 목적어**

I am interested in gardening very much.

> Point 〉 동명사의 부정 : 동명사 앞에 not이나 never을 써서 부정의 뜻을 나타낸다.
> I regret not having seen the movie.

(2) 동명사의 의미상 주어

① **의미상 주어를 따로 표시하지 않는 경우** : 문장의 주어 또는 목적어와 일치하거나 일반인이 주어일 때 의미상 주어를 생략한다.

ⓐ **문장의 주어 또는 목적어와 일치하는 경우**

Anna enjoys reading comic books.

He will probably punish me for behaving so rudely.

ⓑ **일반인인 경우**

Driving a car requires attention.

② **의미상 주어의 형태**

ⓐ **소유격 + 동명사** : 의미상 주어가 문장의 주어나 목적어와 일치하지 않을 때 동명사 앞에 소유격을 써서 나타낸다. 구어체에서는 목적격을 쓰기도 한다.

I can't understand the idea of his coming here.

ⓛ 그대로 쓰는 경우 : 의미상 주어가 소유격을 쓸 수 없는 무생물명사나 this, that, all, both, oneself, A and B 등의 어구일 때에는 그대로 쓴다.

I can't understand the train being so late.

(3) 동명사의 시제와 수동태

① 단순동명사 : 본동사와 동일시제 또는 미래시제일 때 사용한다.

She is ashamed of being mean.

= She is ashamed that she is mean.

I am sure of his succeeding.

= I am sure that he will succeed.

② 완료동명사: having + p.p.의 형태를 취하며, 본동사의 시제보다 하나 앞선 시제를 나타낸다.

I'm proud of your having won the first prize.

= I'm proud that you won the first prize.

③ 수동태 동명사 : 동명사의 의미상 주어가 수동의 뜻을 나타낼 때 being+p.p., having been+p.p.의 형태로 쓴다.

Loving is more precious than being loved.

I am ashamed of having been punished.

(4) 동명사의 관용적 표현

① It is no use+동명사 : ~해봐야 소용없다(=It is useless to부정사).

It is no use escaping from police.

② There is no+동명사 : ~하는 것은 불가능하다(=It is impossible to부정사).

There is no using a cell phone in the classroom.

③ cannot help+동명사 : ~하지 않을 수 없다(=cannot out+동사원형).

The program was so funny. I cannot help laughing.

④ feel like+동명사 ~ 하고 싶다(= feel inclined to부정사, be in a mood to부정사).

I feel like eating out tonight.

⑤ of one's own + 동명사 : 자신이 ~한(=p.p. +by oneself)

This is a picture of his own painting.

⑥ be on the point(verge, blink) of+동명사 : 막 ~하려 하다(=be about to부정사).

Jane was on the point of drinking a glass of wine.

⑦ make a point of+동명사 : ~하는 것을 규칙으로 하다(＝be in the habit of+동명사).

My parents made a point of doing volunteer work.

⑧ be accustomed to+동명사 : ~하는 버릇(습관)이 있다(＝be used to+동명사).

She was accustomed to shaking her legs.

⑨ on(upon)+동명사 : ~하자마자 곧(＝as soon as+S＋V)

On seeing the policeman, the man ran away.

⑩ look forward to+동명사 : ~하기를 기대하다(＝expect to부정사)

I am looking forward to meeting her again.

③ 부정사와 동명사의 비교

(1) 부정사만을 목적어로 취하는 동사

ask, choose, decide, demand, expect, hope, order, plan, pretend, promise, refuse, tell, want, wish 등이 있다.

She planned to go to Seoul.

My mom expected me to get a good grade.

(2) 동명사만을 목적어로 취하는 동사

admit, avoid, consider, deny, enjoy, escape, finish, give up, keep, mind, miss, postpone, practice, stop 등이 있다.

I don't mind opening the window.

Emily enjoys dancing to music.

(3) 부정사와 동명사 둘 다를 목적어로 취하는 동사

begin, cease, start, continue, fear, decline, intend, mean 등이 있다.

When will you start to do(doing) your homework?

I love to listen(listening) to Jazz music.

(4) 부정사와 동명사 둘 다를 목적어로 취하지만 의미가 변하는 동사

① remember(forget) + to부정사/동명사 : ~할 것을 기억하다[잊어버리다(미래)]/~했던 것을 기억하다[잊어버리다(과거)].

I remember to send the mail. (나는 그 우편을 보낼 것을 기억한다.)

I remember sending the mail. (나는 그 우편을 보냈던 것을 기억한다.)

② regret +to부정사/동명사 : ~하려고 하니 유감스럽다/~했던 것을 후회하다.

I regret to tell her that Tom stole her ring.

(나는 Tom이 그녀의 반지를 훔쳤다고 그녀에게 말하려고 하니 유감스럽다.)

I regret telling her that Tom stole her ring.

(나는 Tom이 그녀의 반지를 훔쳤다고 그녀에게 말했던 것을 후회한다.)

③ need(want) + to부정사/동명사 : ~할 필요가 있다(능동)/~될 필요가 있다(수동).

I need to write the report again. (나는 그 보고서를 다시 쓸 필요가 있다.)

= The report needs writing again. (그 보고서는 다시 쓰여 질 필요가 있다.)

④ try + to부정사/동명사 : ~하려고 시도하다, 노력하다, 애쓰다/~을 시험 삼아 (실제로) 해보다.

I tried to get up early. (나는 일찍 일어나려고 노력했다.)

I tried getting up early. (나는 시험 삼아 일찍 일어나 보았다.)

⑤ mean + to부정사/동명사 : ~할 작정이다(=intend to do)/~라는 것을 의미하다.

Kim means to call him at night. (Kim은 밤에 그에게 전화 할 작정이다.)

Kim means calling him at night. (Kim이 밤에 그에게 전화한다는 것을 의미한다.)

⑥ like(hate) + to부정사/동명사 : ~하고 싶다[하기 싫다(구체적 행동)]/~을 좋아하다[싫어하다(일반적 상황)].

I hate to lie. (나는 거짓말하기 싫다.)

I hate lying. (나는 거짓말하는 것이 싫다.)

⑦ stop +to부정사/동명사 : ~하기 위해 멈추다(부사구)/~하기를 그만두다(목적어).

He stopped to fight with the man. (그는 그 남자와 싸우기 위해 멈추었다.)

He stopped fighting with the man. (그는 그 남자와 싸우던 것을 멈추었다.)

1 다음 밑줄 친 부분과 바꾸어 쓸 수 없는 것은?

> He wrote poetry <u>in order to</u> help boys and girls to enjoy poetry.

① with a view to helping   ② so as to help

③ for the purpose of helping   ④ for fear of helping

> **Tip 》** • in order to + 동사원형 ~하기 위하여
> = so as to + 동사원형
> = with a view to -ing
> = for the purpose of -ing
> = (so, in order) that~may(can)
> • for fear of -ing ~하지 않도록
>
> 「그는 시를 즐기는 소년들과 소녀들을 돕기 위해서 시를 썼다.」

2 다음 문장의 빈칸에 들어갈 알맞은 표현은?

> People laugh when they are nervous or afraid because they want _____.

① to pretend in control   ② to pretend being in control

③ to pretend to be in control   ④ to pretend been in control

> **Tip 》** • want는 to부정사를 목적어로 취하며, 타동사 pretend는 to do(be) 또는 that절 형식이 목적어로 쓰인다.
> • 전치사구인 in control은 형용사적인 의미로 be동사의 보어로 쓰였다.
>
> 「사람들은 흥분하거나 두려워할 때 웃는다. 왜냐하면 그들은 (자신의 감정이 드러나는 것을) 자제하고 있는 척하기를 원하기 때문이다.」

3 다음 글의 흐름으로 보아 밑줄 친 부분 중 어법상 적절하지 못한 것은?

> In 1955, Rosa Parks was working in Montgomery, Alabama. She ①took the bus home every night. One night she was very tired. She saw a seat in the front of the bus. And she took it. Later, a white man ②asked her to get up. But Rosa Parks ③would not move. The police took her to jail. Other black people in Montgomery became angry. They ④stopped to ride the buses. They walked to work or rode in cars.

Tip》 jail 감옥, 교도소 Montgomery 몽고메리

④ stopped to ride→stopped riding, 문맥상 흑인들이 '버스를 타기 위해 멈추었다'가 아니라 '버스 타기를 그만두었다'라고 해야 글의 흐름이 자연스럽다.

「1955년에 Rosa Parks는 앨러배마 주 몽고메리에서 일을 하고 있었다. 그녀는 매일 밤 버스를 타고 집에 갔다. 어느 날 밤 그녀는 몹시 피곤했다. 그녀는 버스 앞쪽에서 빈 좌석을 보고 그곳에 앉았다. 나중에 한 백인이 그녀에게 자리에서 일어나라고 했다. 그러나 Rosa Parks는 움직이려 하지 않았다. 경찰은 그녀를 감옥에 넣었다. 몽고메리에 사는 다른 흑인들은 화가 났다. 그들은 버스 타기를 그만두었다. 그들은 걷거나 차를 타고 직장에 갔다.」

4 다음 문장 중 틀린 부분은?

> ①Knowing the answer can take you ②a long way ③toward ④to have a dependable car.

Tip》 take somebody a long way toward ~ ~가 ~하는 데 도움이 되다

④ to have→having, 전치사 다음에는 부정사가 쓰이지 못하며, 반드시 동명사가 와야 한다.

「해결책을 알고 있는 것이 믿을만한 차를 갖는 데 도움이 될 것이다.」

Answer 》 1.④ 2.③ 3.④ 4.④

5 다음 글에서 밑줄 친 부분이 잘못된 것은?

The power ①of exciting the sympathy of the reader ②by a faithful adherence to the truth of nature and the power ③to give the interest of novelty ④through imagination.

6 다음 중 문법적으로 옳은 것은?

① Strange to say, she did not come.
② Strangely to say, she did not come.
③ Strangely saying, she did not come.
④ Strange saying, she did not come.

Q 다음 대화의 빈칸에 들어갈 적합한 것을 고르시오. 【7~8】

7

A : Dick certainly has a bad cough.
B : If he's sensible, he'll give up _____.

① the smoking   ② smoking
③ to smoke   ④ to be smoking

Tip 》》 give up + 동명사

「A : Dick은 정말 기침을 심하게 해요.
 B : 그가 분별 있는 사람이라면 담배를 끊을 거예요.」

8

> A : Don't forget to lock the door.
> B : _____.

① No, I won't.   ② No, I don't.
③ Not at all.   ④ That's right.

Tip 》》 forget 다음에 부정사가 오면 미래의 일을 의미한다.

「A : 문 잠그는 것 잊지 마세요.
 B : 네, 그럴게요.」

9 다음 중 문법적으로 잘못된 것은?

① She asked me to help her.
② I heard him to play the piano.
③ He wanted me to come back soon.
④ They expected her to win the game.

Tip 》》 ② to play → play, 지각동사 뒤에는 원형부정사가 와야 한다.

10 다음 글에서 밑줄 친 부분 중, 어법상 적절하지 않은 것은?

Do you ①enjoy seeing rock videos on TV? How can singers sound so perfect when they ②are dancing on a beach or floating in space? Watch the singers' lips. You may discover that they are only ③pretending to sing. It's an old show business trick ④calling lip synching. They just move their mouths to match their recorded songs.

Tip 》 float 떠다니다, 뜨다   discover 발견하다   pretend ~인 체하다, 가장하다   match 어울리다
④ calling → called, '~으로 불리는'이라는 수동의 뜻이 쓰여야 한다.

「당신은 TV에서 락 비디오를 보는 것을 즐기는가? 가수들은 해변에서 춤을 추거나 우주 공간에서 떠다니면서 어떻게 그렇게 완벽하게 소리를 낼 수가 있을까? 가수들의 입을 살펴보라. 당신은 그들이 노래하는 척하는 것을 알게 될 것이다. 그것은 '립싱크'라고 불리는 오래된 쇼의 기법이다. 그들은 녹음된 노래에 맞추어 그들의 입을 움직일 뿐이다.」

11 다음 글에서 밑줄 친 부분 중, 어법상 적절하지 않은 것은?

In December, our class ①decided to produce a play for the Spring Festival. Our teacher ②told us to read five plays. A few weeks later, all of us ③agreed to choose one play. The cast members began to practice their lines right away. After two months, we ④finished to make the sets and costumes for the play. Three weeks later, the cast gave its first performance.

Tip 》 produce 상연하다   cast 배역   costume 의상   performance 상연, 공연
④ to make → making, finish는 동명사를 목적어로 취하는 동사이다.

「12월에 우리 학급은 봄 축제를 위해 연극을 상연하기로 결정했다. 우리 선생님은 다섯 개의 연극을 읽어 오라고 우리에게 말씀하셨다. 몇 주 후에 우리 모두는 만장일치로 연극 한 개를 택했다. 배역을 맡은 사람들은 곧 바로 대사를 연습하기 시작했다. 두 달 후, 우리는 연극을 위한 무대 장치와 의상을 끝냈다. 삼 주 후에 출연진들은 첫 공연을 했다.」

Answer 》   10.④ 11.④

분사 08

❶ 분사의 종류와 형태

(1) 현재분사

동사원형 + ~ing

do → doing, visit → visiting, finish → finishing

(2) 과거분사

① 규칙형 : 동사원형＋~ed

wait → waited, finish → finished, stay → tayed

② 불규칙형

go → went, do → done, write → written

❷ 분사의 용법

(1) 명사를 수식하는 분사

① 현재분사 : ~하고 있는, ~하는(능동, 진행)

a running car (달리는 차)

a sleeping baby (잠자는 아기)

② 과거분사 : ~된, ~한(수동, 완료)

a broken car (고장난 차)

fallen leaves (낙엽)

(2) 분사의 위치

① **명사 앞에서 수식**: 분사가 단독으로 명사를 수식할 때 명사의 앞에 위치한다.

Pour the boiling water into the tea pot.

The wounded soldiers were carried to the hospital.

② **명사 뒤에서 수식**: 분사가 목적어, 보어, 부사구 등을 수반할 때 명사의 뒤에 위치한다.

Look at the sun rising above the horizon.

I love fallen leaves!

③ 보어로 사용되는 분사

(1) 주격보어

① **현재분사**

She stood waiting for her husband.

She kept painting.

② **과거분사**

You look tired today.

She seemed disappointed.

(2) 목적격보어

① **현재분사**: 목적어와 목적보어인 현재분사와는 능동관계이다.

I heard the man singing.

I saw a stranger entering my house.

② **과거분사**: 목적어와 목적보어인 과거분사와는 수동관계이다.

I couldn't make myself understood in English.

I made the wall painted.

③ **have + 목적어 + p.p.**

I had the car repaired.

I had the book opened.

❹ 분사구문

(1) 시간

When I don't work, I listen to Pop music.

= Not working, I listen to Pop music.

After meeting her, I felt better.

(2) 이유

As she was upset, she didn't eat anything.

= Being upset, she didn't eat anything.

Being poor, they had to work hard.

(3) 양보

Although she was not good at math, she did her best.

= Being not good at math, she did her best.

Having a fever, Laura went on a field trip.

(4) 조건

If you go upstairs, you'll find your laptop.

= Going upstairs, you'll find your laptop.

Once seen, it can never been forgotten.

(5) 부대상황(동시동작)

He sat on the bench reading a magazine.

She stood folding her arms.

Point 〉 부사절→분사구문의 전환
ⓐ 부사절의 접속사를 없앤다.
ⓑ 부사절의 주어를 없앤다(주절의 주어와 일치).
ⓒ 동사를 현재분사로 바꾼다(주절의 시제와 일치).

⑤ 분사구문의 기타 주요 사항

(1) 완료분사구문(having + p.p.)

부사절의 시제가 주절보다 앞설 때 완료분사구문을 사용한다.

As he lived in London, he speaks English well.

= Having lived in London, he speaks English well.

Having leaving for New York, she knew where to go.

(2) 수동분사구문

수동태를 분사구문으로 고치고 being을 생략한 경우의 구문이다.

As he had been born poor, he had little food to eat.

= Born poor, he had little food to eat.

Written in easy English, the book is easy to read.

(3) 분사구문의 부정

not(never)을 분사 앞에 쓴다.

Not writing a birthday card, your girlfriend will be disappointed.

Not knowing what to do, I asked her a question.

(4) 독립분사구문

부사절의 주어가 주절의 주어와 다른 경우를 말한다.

As the supermarket was closed, I couldn't buy any milk.

= The supermarket being closed, I couldn't buy any milk.

The car having broken down, we had to take a taxi.

(5) 무인칭 독립분사구문

부사절의 주어가 일반인인 경우에는 주절의 주어와 달라도 주어를 쓰지 않는다.

Generally speaking, boys are taller than girls. (일반적으로 말해서)

Seeing that you study hard, you'll get a good grade. (~한 것을 보니)

> Point 〉 그 외의 무인칭 독립분사구문
> ㉠ Strictly speaking : 엄밀히 말해서
> ㉡ Frankly speaking : 솔직히 말해서
> ㉢ Judging from : ~로 판단하자면

Q 다음 문장의 빈칸에 들어갈 알맞은 단어를 고르시오. 【1~2】

1

_____ the choice, a surprising number of college kids studying computer science would prefer to be rock musicians.

① Giving　　　　　　　　② Give

③ Gift　　　　　　　　　④ Given

　　Tip 》 choice 선택(권) surprising 깜짝 놀랄 만한, 놀라운, 의외의 prefer (보다) 좋아하다, 선호하다
　　　　④ 주어가 같아 생략시킨 분사구문에서 주어와의 관계가 '능동'이면 현재분사형(-ing)을, '수동'이면 과거분사형(p.p.)을 쓴다. 이 경우, 많은 수의 학생들에게 선택권이 주어진 것(수동)이므로 p.p.형인 Given을 쓴다.
　　　　「선택권이 주어지면, 컴퓨터과학을 공부하는 많은 대학생들이 (의외로) 록 음악가가 되기를 오히려 더 선호할 것이다.」

2

Most people enjoy Christmas holiday, but it is _____ to me.

① depress　　　　　　　② depressing

③ depressed　　　　　　④ depression

　　Tip 》 ② 타동사 depress는 주어가 사람일 경우는 과거분사형인 depressed를, 주어가 사물이면 현재분사형 depressing을 쓴다.
　　　　「대부분의 사람들이 크리스마스 휴가를 즐기지만 그것은 날 우울하게 한다.」

Answer 》 1.④ 2.②

3 다음 밑줄 친 부분의 의미로 알맞은 것은?

> <u>Being tired</u>, he studied English late at night.

① If he was tired
② While he was tired
③ As he was not tired
④ Although he was tired

> **Tip** 》 의미상 접속사 although(비록 ~일지라도)가 적절하다.
> 「피곤했지만, 그는 밤늦게까지 영어 공부를 했다.」

Q 다음 밑줄 친 부분에 가장 알맞은 것을 고르시오. 【4~6】

4
> I am sorry to have kept you _____.

① waiting long   ② waited long
③ to wait long   ④ wait long

> **Tip** 》 keep + A +~ing A를 계속 ~하도록 하다
> 「당신을 오랫동안 기다리게 해서 죄송합니다.」

5

> _____ what to do, I kept quiet.

① Knowing not   ② Not knowing

③ Known not   ④ Not known

> **Tip 》** 분사구문의 부정은 분사 앞에 not(never)을 쓴다.
> 「무엇을 해야 할지 몰라서 나는 조용히 있었다.」

6

> _____, women live longer than men.

① Generally speaking   ② General speaking

③ Generally speak   ④ General speak

> **Tip 》** 「일반적으로 말해서 여성이 남성보다 더 오래 산다.」

Ⓠ 다음 밑줄 친 부분을 가장 잘 바꿔 쓴 것을 고르시오. 【7~9】

7

> <u>If you turn to the right</u>, you will find the house.

① Turning to the right

② Turned to the right

③ To turn to the right

④ Having turned to the right

> **Tip 》** 「오른쪽으로 돌아가면 그 집을 찾을 것이다.」

Answer 》   3.④ 4.① 5.② 6.① 7.①

8

Never having read the book, I can't criticize it.

① As I have never read the book
② As I had never read the book
③ If I have never read the book
④ If I had never read the book

> Tip 》》 「그 책을 읽지 않았기 때문에 그것을 비판할 수 없다.」

9

After the sun had set, we returned home.

① The sun setting
② Setting the sun
③ The sun having set
④ Having set the sun

> Tip 》》 부사절의 시제와 주절의 시제가 다르므로 완료부정사를 쓰고, 부사절의 주어와 주절의 주어가 다르므로 부사절의
> 주어(the sun)를 분사 앞에 쓴다.
> 「해가 진 후 우리는 집으로 돌아왔다.」

다음 두 문장의 뜻이 같도록 밑줄 친 부분에 들어갈 알맞은 것을 고르시오. 【10~12】

10

> As she had lots of work to do, she couldn't go to the party.
> = _____ lots of work to do, she couldn't go to the party.

① Had

② Have

③ Having

④ Had been

　Tip 》》「그녀는 일이 너무 많아서 파티에 갈 수 없었다.」

11

> Tired after a long walk, I went to bed early.
> = As _____ tired after a long walk, I went to bed early.

① I was

② he was

③ I were

④ he were

　Tip 》》「오랫동안 걸은 후 피곤해서 일찍 잤다.」

12

> Being very hungry, he went to the restaurant.
> = _____ he was very hungry, he went to the restaurant.

① If

② Though

③ As

④ Unless

　Tip 》》「배가 무척 고팠기 때문에 그는 식당으로 갔다.」

Answer 》》　8.① 9.③ 10.③ 11.① 12.③

CHAPTER 09 관계사

❶ 관계대명사

(1) 관계대명사의 역할

① 관계대명사는 접속사와 대명사의 기능을 동시에 가진다.

② 관계대명사가 이끄는 절은 앞에 나온 명사, 대명사를 수식하는 형용사절이다.

③ 이때 수식받는 명사, 대명사를 선행사라 한다.

She has a boyfirned. + He is very handsome.

→She has a boyfriend who is very handsome. (그녀는 잘생긴 남자친구가 있다.)

I know the girl. You like her.

→I know the girl whom you lik. (나는 네가 좋아하는 소녀를 알아.)

(2) 관계대명사의 종류와 격

선행사	주격	소유격	목적격
사람	who	whose	whom
사물, 동물	which	whose / of which	which
사람, 사물, 동물	that	—	that
선행사 포함	what	—	what

(3) who, which, that

① who의 용법

Let's meet some students who live in the States.

That is the girl whose father is a doctor.

Sam likes the lady whom he met at the party.

② which의 용법

She bought the house which has a beautiful garden.

I bought a book whose cover is very cool.

＝I bought a book the cover of which is cool.

＝I bought a book of which the cover is cool.

③ that의 용법

　㉠ who(m)를 대용

　　There was a girl that didn't like the idea.

　　Write the name of a classmate that you like.

　㉡ which를 대용

　　I still have the pen that my grandfather bought for me.

　　Children like books that have many pictures.

　㉢ that을 주로 쓰는 경우

　　• 선행사가 the only, the very, the same, 서수, 최상급의 수식을 받을 때

　　　She is the first woman that climbed the mountain.

　　　He is the only friend that Jake has.

　　• 선행사가 all, no, every, any＋명사 또는 －thing일 때

　　　Is there anyone that can solve this problem?

　　　He gave me all that he had.

　　• 선행사가 의문대명사 who일 때

　　　Who that has common sense will so such a thing?

　　　Who that knows him will believe it?

(4) what

① what의 용법 : what은 선행사를 포함하는 관계대명사로, '~하는 것'의 뜻으로 쓰여 명사절을 이끌며, 주어ㆍ보어ㆍ목적어의 역할을 한다.

What he told me was not true. (그가 말한 것은 사실이 아니었다. 주어)

This is what he said. (이것이 그가 한 것이다. 보어)

I can't believe what he said. (나는 그가 말한 것을 믿을 수 없다. 목적어)

② what을 포함하는 관용표현

　　㉠ what+S+be/have

　　　• what + S + be : 인격, 상태

　　　• what + S + have : 재산

　　　　Alice is not what she was. (Alice는 예전의 그녀가 아니다.)

　　　　= Alice is not what she used to be.

　　　　You should judge a man not by what he has but by what he is.

　　㉡ what is called : 소위, 이른바[=what they(we) call]

　　　　Fate is what is called a web of his own weaving

　　　　He is what is called a book-worm.

　　㉢ what is+비교급 : 더욱 더 ~한 것은

　　　　She is beautiful and what is better wise.

　　　　He lost his way, and what was worse, it began to rain.

(5) 관계대명사의 두 가지 용법

① **한정적 용법** : 관계대명사 앞에 쉼표가 없고, 뒤에서부터 해석한다.

He has a son who is a doctor. (그는 의사인 아들이 한 명 있다.)

My father has a car which was made 10 years ago.
(우리 아빠는 10년 전에 만들어진 차를 가지고 있다.)

② **계속적 용법** : 관계대명사 앞에 쉼표가 있고, 앞에서부터 해석한다. '접속사+대명사'의 의미를 갖고 있다.
또한 계속적 용법에서는 관계대명사 that을 사용할 수 없다.

He has a son, who is a doctor. (그는 아들이 한 명 있는데, 그는 의사이다.)

= He has a son, and he is a doctor.

My father has a car, which was made 10 years ago.

(우리 아빠는 차가 한 대 있는데, 그것은 10년 전에 만들어졌다.)

= My father has a car, and it was made 10 years ago.

(6) 목적격 관계대명사의 생략

① **타동사의 목적어**

This is the doll (which) my mother bought for me.

The woman (whom) you met yesterday is my sister.

② **전치사의 목적어** : 전치사가 관계대명사의 앞으로 도치 된 경우에는 생략할 수 없다.

This is the subject (which) I learned about.

= This is the subject about which I learned.

This is the subject about (which) I learned. (X)

❷ 관계부사

(1) 관계부사의 기본용법

관계부사는 '전치사+관계대명사'로 바꿔 쓸 수 있다.

① when[=at(in) which]

I can't forget the moment when I met her first.

= I can't forget the moment in which I met her first.

The year when she was born my mother died.

② where[=at(in) which]

This is the house where I lived.

= This is the house in which I lived.

The last place where I saw him was the flower shop.

③ why(=for which)

Tell me the reason why you were late home.

= Tell me the reason for which you were late home.

I don't know why she got angry.

④ how(=the way, the way in which)

Show me how you solve the problem.

= Show me the way you solve the problem.

= Show me the way in which you solve the problem.

≠ Show me the way how you solve the problem.

(the way와 how는 함께 사용할 수 없으므로 반드시 둘 중 하나만 사용하도록 한다.)

(2) 관계부사의 주의할 용법

① **계속적 용법** : 관계부사 앞에 쉼표가 있고, 앞에서부터 해석한다.

Emily went to Japan, where she studied Japanese.

(Emily는 일본에 갔고, 거기에서 일본어를 배웠다.)

= Emily went to Japan, and there she studied Japanese.

Wait here till six o'clock, when(=and then) he will come back.

② **관계부사, 선행사의 생략** : 관계부사나 선행사를 생략할 수 있다.

This is the river (where) we swim.

I remember (the time) when I was poor.

출제예상문제

Q 다음 문장의 밑줄 친 부분 중 어색한 것을 고르시오. 【1~4】

1

① In the early 20th century, ② any woman ③ whose had a college education was automatically regarded ④ as intelligent.

Tip 》 ③ 선행사가 any woman이므로 사람을 선행사로 취하는 주격 관계대명사 who를 써야 한다.
「20세기 초에는, 대학교육을 받은 여성이라면 누구든지 자동적으로 지성인으로 간주되었다.」

2

He made the journey ① in a 30-foot sailboat, ② whom shortwave radio served as his ③ only link ④ with the outside world.

Tip 》 ② shortwave radio(단파 라디오)는 요트에 설치되어 있는 것이므로 관계대명사의 소유격인 whose가 적절하다.
「그는 30피트짜리 요트로 여행했는데, 그 요트의 단파 라디오만이 바깥세계와 그를 이어주는 유일한 연결수단의 역할을 하였다.」

3

The computer terminal ① which I was ② using it was ③ not attached ④ to the network.

Tip 》 ② which는 목적격 관계대명사로 관계대명사절의 목적어 역할을 선행사(The computer terminal)가 하므로, it이 불필요하다.
따라서 ② using이 적절한 답이다.
「내가 사용했던 컴퓨터 단말기는 네트워크에 접속되지 않았다.」

Answer 》 1.③ 2.② 3.②

4

Slaves' lives ①differed greatly, ②depending on their masters. ③But the basic fact was that slaves had no real control over ④that happened to them.

Tip 》》 basic 기초의, 근본적인
        ④ 선행사 포함하면서 관계사절의 동사 happened의 주어임과 동시에 전치사 over의 목적어 역할을 하기 위해서는 명사절을 이끄는 what이 와야 한다.

    「노예들의 생활은 주인에 따라 상당히 달랐다. 그러나 근본적인 사실은 노예들은 자신들에게 일어나는 일에 대해 전혀 속수무책이라는 것이었다.」

5 다음 중 어법에 맞지 않는 것은?

① There were thousands of wounded men.

② Stay calm and try to save your energy.

③ He looked as if he hadn't eaten for ten days.

④ It will help you figure out that you most enjoy doing.

Tip 》》 ④ 앞에 out의 목적어 역할을 하면서 do의 목적어 역할을 할 수 있는 what이 적절하다. (that → what)
    「① 부상당한 수천 명의 사람들이 있었다.
    ② 침착하세요. 그리고 당신의 에너지를 아끼세요.
    ③ 그는 마치 열흘 동안 먹지 않은 것처럼 보였다.
    ④ 그것은 네가 가장 즐기는 것을 알아내는 데 도움이 될 것이다.」

Q 다음 빈칸에 들어갈 알맞은 것을 고르시오. 【6~7】

6

> Text and video materials are protected from illegal copying _____ international copyright laws are recognized and followed.

① so   ② wherever

③ before   ④ nor

> **Tip** 》 text 원문, 본문   copyright 저작권
> 문맥상 장소를 나타내는 관계부사가 와야 한다.
> 「원서와 비디오물은 국제 저작권법이 인정되고 준수되는 어느 곳에서나 불법 복제로부터 보호된다.」

7

> Once there was a little boy _____ name was Richard Whittington.

① which   ② who

③ whom   ④ whose

> **Tip** 》 관계사절의 구조가 완전하므로 소유격 관계대명사가 빈칸에 들어가는 것이 적절하다.
> 「옛날에 Richard Whittington이라는 이름의 어린 소년이 있었다.」

8 다음 문장들 중 문법적으로 옳은 것은?

① I am the one who am responsible.

② I am the ones who are responsible.

③ I am the one who is responsible.

④ I am the one who are responsible.

> **Tip** 》 관계대명사가 주어일 경우 선행사에 동사를 일치시킨다.
> ③ 나는 책임을 진 한 사람이다.

Answer 》   4.④   5.④   6.②   7.④   8.③

9 다음 우리말을 영어로 가장 잘 옮긴 것은?

> 다음에 무슨 일이 일어날지 아무도 모른다.

① No one knows what will happen next.

② Who knows how it will happen next?

③ No one knows who will make the thing next.

④ Nobody knows whose work it will be next time.

Tip ≫ '무슨 일'이라는 표현을 써야 하므로 의문사 what을 써야 한다.

Answer ≫ 9.①

CHAPTER

명사와 관사 10

① 명사의 종류

(1) 가산명사와 불가산명사

① **가산명사**(셀 수 있는 명사) : 원칙적으로 부정관사나 정관사를 붙이며, 복수형으로 쓸 수 있다. 보통명사, 집합명사가 이에 해당한다.

② **불가산명사**(셀 수 없는 명사) : 원칙적으로 부정관사를 붙이지 못하며, 복수형으로도 쓸 수 없다. 물질명사, 고유명사, 추상명사가 이에 해당한다.

(2) 보통명사

① 개념 : 같은 종류의 사람, 사물 등에 두루 통용되는 이름을 말한다.

② a(the)+단수보통명사 : 종족 전체

A dog is a faithful animal. (개는 충직한 동물이다.)
= The dog is a faithful animal.
= Dogs are faithful animal.
어떤 특정한 한 마리 개의 특성이 아니라 일반적인 '개'라는 종족 전체의 특성이다.

③ the+단수보통명사=추상명사

The pen is mightier than the sword.
the mother(모성애), the beggar(거지근성), the head(지혜)

(3) 집합명사

① 개념 : 개체가 모여서 하나의 집합체를 형성할 때 이것을 집합명사라 한다.

② 단수, 복수 모두 될 수 있는 집합명사 : class, family, audience(청중), committee(위원회) 등이 있다.

　ⓐ 전체를 하나의 단위로 볼 경우 : 단수 취급

　She grew up in a poor family. (그녀는 가난한 가정에서 자라났다.)
　There are 30 students in my class. (나의 학급에는 30명의 학생들이 있다.)

ⓛ 구성개체에 관심이 있는 경우(군집명사) : 복수 취급

My family are all diligent and kind. (우리 가족 구성원은 모두 부지런하고 친절하다.)

This class are studying very hard. (그 반 구성원들은 매우 열심히 공부한다.)

③ 물질적 집합명사 : machinery(기계류), clothing(의류), baggage(화물), furniture(가구) 등이 있다.

She has much clothing.

A chair is a piece of furniture.

> Point 〉 물질적 집합명사는 a piece of ~, much, little로 수량을 표시한다.

(4) 물질명사

① 개념 : 일정한 형태를 갖지 않는 물질에 붙이는 이름을 말한다.

② 물질명사는 무관사이며, 복수형이 없으므로 항상 단수 취급한다.

I have a bowl of rice for lunch.

My dad drinks a bottle of beer everyday.

③ 물질명사의 수량표시

ⓐ a cup of coffee(tea)

ⓑ a glass of water(milk)

ⓒ a piece of paper

ⓓ a cake of soap

ⓔ a loaf(slice) of bread

I want to eat a loaf of bread.

There is a slice of cheese on the dish.

④ 보통명사로의 전환

She is dressed in silks. →제품

(그녀는 실크옷을 입고 있다.)

We had different wines and cheeses. →종류

(우리는 다른 종류의 술과 치즈를 먹었다.)

There was a fire last night. →구체적인 사건

(어제 밤에 화재가 한 건 발생했다.)

(5) 고유명사

① 개념 : 사람, 사물, 장소 등에 유일하게 붙여진 고유한 이름을 말한다.

② 고유명사는 무관사이며, 복수형도 없다.

③ 보통명사로의 전용

He wishes to become an Edison. → ~같은 사람

(그는 에디슨같은 사람이 되고 싶다.)

There is a picasso on the wall. → 작품, 제품

(벽에는 피카소의 그림이 있다.)

⑹ 추상명사

① 개념 : 일정한 형태가 없는 성질, 상태, 동작 등의 추상적 개념을 나타내는 이름을 말한다.

② 추상명사는 무관사이며, 복수형이 없다.

Knowledge is power.

Love is important to us.

③ of＋추상명사＝형용사

You were of help to me.

＝ You were helpful to me.

This book is of use.

＝ This book is useful.

㉠ of wisdom＝wise (현명한)

㉡ of importance＝important (중요한)

㉢ of use＝useful (유용한)

㉣ of value＝valuable (가치 있는)

④ 전치사＋추상명사＝부사

He solved the problem with ease.

＝ He solved the problem easily.

Are you doing this on purpose?

㉠ with ease＝easily (쉽게)

㉡ in haste＝hastily (서둘러)

㉢ on purpose＝purposely (고의로)

㉣ by accident＝accidently (우연히)

② 명사의 수와 격

(1) 명사의 수

① 규칙복수형

　　㉠ 단수형+s

　　　pen → pens, book → books, cat → cats, cup → cups

　　㉡ -s, -ss, -x, -ch, -sh+es

　　　bench → benches, box → boxes, bus → buses, dish → dishes

　　㉢ 자음+o+es

　　　hero → heroes, potato → potatoes

　　　예외) piano → pianos, photo → photos

　　㉣ 자음+y : y → i+es

　　　city → cities, baby → babies

　　㉤ -f, -fe → -ves

　　　knife → knives, life → lives

② 불규칙복수형

　　㉠ man → men, mouse → mice, foot → feet

　　㉡ ox → oxen, child → children

　　㉢ fish → fish, sheep → sheep, deer → deer

③ 복수형의 용법

　　㉠ 복수형이 되면 뜻이 변하는 명사 : arms(무기), airs(태도), pains(수고), customs(관세), goods(상품), manners(풍습, 관례) 등이 있다.

　　　I used every means to succeed.

　　　It is bad manners to make noises at table.

　　㉡ 항상 복수로 쓰이는 명사

　　　• 짝을 이루는 명사 : glasses(안경), scissors(가위), trousers(바지), gloves(장갑) 등

　　　• 과목이름 : physics(물리학), ethics(윤리), economics(경제학) 등

　　　• 상호복수 : make friends(친구를 사귀다), shake hands(악수하다) 등

　　　He must like jeans to wear them every day.

　　　Economics is difficult for me to understand.

　　　I changed trains at Busan Station.

© 시간, 거리, 가격, 무게 : 단수 취급한다.

　　Ten miles is a long distance.

　　Ten pounds is heavy for a child.

(2) 명사의 격

① 생물의 소유격 : 생물+'s

　　This book is Jane's.

　　He is Olga's younger brother.

② 무생물의 소유격 : of+무생물

　　I don't like the smell of this coffee.

　　At the foot of the candle it is dark.

③ 이중소유격 : a(n), this, that, some, any, no + 명사 + of + 소유격(소유대명사)

　　Chris is a special friend of mine.

　　This picture of Picasso's is fantastic. (O)

　　This Picasso's picture is fantastic. (X)

　　　Point 〉 This와 소유격 Picasso's는 나란히 쓸 수 없다.

❸ 관사

(1) 부정관사

대개 해석을 하지 않지만, 관사가 다음과 같은 특별한 의미를 갖는 경우도 있다.

① one의 의미

　　Samuel is eating a hot dog.

　　There is an egg on the table.

② any의 의미(종족대표)

　　A cat can jump down from high places.

　　A dolphin is smart animal.

③ a certain의 의미

A Ms. Kim called me last night. (어떤 '김'이라는 분께서 나에게 어젯밤에 전화 했다.)

In a sense, you are right. (어떤 의미에서는 네가 옳다.)

④ per의 의미

I play soccer with my friends three times a week.

He drinks 5 glasses of water a day.

(2) 정관사

특정한 사물을 지칭한다.

① 앞에 나온 명사

I have a cat and the cat is very cute.

I live with a girl. The girl's name is Jessy.

② 악기, 발명품

She plays the piano very well.

Did you play the violin last night?

③ 시간, 수량의 단위

by the 단위 : ~단위로

The sold the bread by the pound.

We work by the day.

④ 서수, 최상급

Paul is the tallest in my class.

The first floor is for storing food.

⑤ 신체 일부

전치사 + the + 신체부위

You didn't look me in the eye.

He touched me on the shoulder.

(3) 무관사

① 교통 · 통신수단

I go to school by bike.

She showed the way by letter.

② 장소 본래의 목적

It's time to go to bed.

I don't have to go to school on Sundays.

③ 운동, 병, 식사이름

Can you play rugby?

I have breakfast every morning.

(4) 관사의 위치

① 원칙 : 관사 + 부사 + 형용사 + 명사

She is a very clever woman.

It is a very famous book.

② 예외

　㉠ such(what, quite, rather)＋a(n)＋형용사＋명사

　　Do you really like such a stupid idea?

　　What an expensive skirt it is!

　㉡ so(as, too, how, however)＋형용사＋a(n)＋명사

　　He was so kind a boy that he helped us all.

　　How beautiful a woman she is!

Q 다음 대화의 빈칸에 들어갈 알맞은 단어를 고르시오. 【1~3】

1

> A : What do you think of the President's address to the students?
> B : I liked _____ of what she advised us.

① more   ② much

③ many   ④ less

> **Tip》** ② 의미상 '총장의 연설'은 셀 수 없는 명사(불가산명사)이므로 much가 쓰여야 한다.
> 「A : 총장이 학생들에게 한 연설에 대해 어떻게 생각하니?
> B : 난 그녀가 우리에게 충고해 준 많은 것들이 좋았어.」

2

> A : Do you know who these auditors are?
> B : They're all _____.

① economics student

② economic students

③ economics students

④ student of the economics

> **Tip》** 문맥상 복수형용사 all의 수식을 받을 수 있고, They의 주격보어로 쓰일 수 있는 economics students가 쓰여야 한다.
> 「A : 이 청강생들이 누군지 아니?
> B : 그들은 모두 경제학과 학생들이야.」

3

> A : What kind of music do you like?
> B : I like classical music, opera, that kind of thing.
> A : I like it, too. I have a lot of classical records. I don't understand modern jazz.
> B : _____ I think it's boring.

① So do I.

② I don't.

③ I do.

④ Neither do I.

    Tip 》 부정의 의미에 동의할 때는 neither를 앞세운 뒤 주어와 동사를 도치시킨다.

        「A : 어떤 종류의 음악을 좋아하니?

        B : 난 클래식 음악이나 오페라, 뭐 그런 종류가 좋아.

        A : 나도 역시 그것들을 좋아해. 난 클래식 음반이 많아. 모던재즈는 도무지 이해하지 못하겠어.

        B : 나도 그래. 모던재즈는 따분한 것 같아.」

4 다음 밑줄 친 부분의 의미는?

> A fox is a cunning animal.

① One

② Any

③ A certain

④ Per

    Tip 》 종족대표의 의미는 Any이다.

        「여우는 교활한 동물이다.」

Answer 》 1.② 2.③ 3.④ 4.②

5 다음 중 문법적으로 옳은 것은?

① Mathematics is his strong point.

② Ten miles are a long distance.

③ This table's legs are broken.

④ I changed train at Daejeon station.

> **Tip 》** ② are → is, 거리는 단수 취급한다.
> ③ table's legs → legs of table, 무생물의 소유격은 of를 사용한다.
> ④ changed train → changed trains(상호복수)

6 다음 밑줄 친 부분에 가장 알맞은 것은?

She was ＿＿＿＿＿＿＿＿＿ girl that everybody loved her.

① such nice

② such a nice

③ a such nice

④ such nice a

> **Tip 》** such + a(n) + 형용사 + 명사
> 「그녀는 모든 사람이 좋아하던 그런 멋진 여자였다.」

7 다음 중 문법적으로 옳은 것은?

① These pair of blue jeans are popular.

② Mickey is a famous cartoon character.

③ I invited my sister's some friends.

④ Would you mind closing window next to the desk?

> **Tip》** ② 특정하지 않은 명사를 나타낼 때는 부정관사 a를 사용한다. Mickey는 여러 인기 만화 캐릭터 중 하나임을 나타내는 문장. (Mickey는 유명한 만화 캐릭터이다.)
> ① This pair of blue jeans is popular. (이 청바지는 인기 있다.) pair의 수에 맞추어 생각한다. pair이 복수형 pairs로 나올 경우 복수취급.
> ③ I invited some friends of my sister. (나는 언니의 친구를 몇 명 초대했다.) some이라는 부정대명사가 있으므로 이중 소유격의 형태를 쓴다.
> ④ Would you mind closing the window next to the desk? (책상 옆의 창문 좀 닫아도 될까요?) window가 어떤 대상인지 청자도 뻔히 알고 있기 때문에(next to the desk의 수식을 받음) 정관사 the를 붙여준다.

8 다음 중 어법상 옳지 않은 것은?

① The police wants to interview the man about the robbery.

② My purse is on the table.

③ Five days is not long enough for a good holiday.

④ Physics is my favorite subject.

> **Tip》** interview ~와 회견(면접)하다 robbery 강도질, 강탈
> ① wants → want, the police는 복수로 취급하므로 동사를 복수형으로 고쳐야 한다.
> ① 경찰은 강도사건과 관련하여 그 남자와 면접을 하고 싶어 한다.
> ② 내 지갑이 테이블 위에 있다.
> ③ 멋진 휴가를 보내기 위해서는 5일이란 기간도 그다지 긴 시간은 아니다.
> ④ 물리학은 내가 매우 좋아하는 과목이다.

Answer 》 5.① 6.② 7.② 8.①

9 다음 밑줄 친 부분과 뜻이 같은 것은?

> That's how <u>goods</u> were traded.

① merchandise   ② niceness

③ match up   ④ award

> **Tip »** good 좋은 goods 상품, 물건 merchandise 상품
> 형용사가 복수형으로 사용될 경우 의미가 달라짐에 주의한다.
> 「그것이 바로 상품이 거래된 방법이다.」

10 다음 밑줄 친 부분 중 문법적으로 옳지 않은 것은?

> The ideals ①<u>upon which</u> American society ②<u>is based</u> ③<u>is primarily</u> those of Europe and not ones ④<u>derived from</u> the native Indian culture.

> **Tip »** ③ is → are, 주어는 ideals이다.
> 「미국 사회가 기본으로 삼고 있는 이상은 본래 유럽의 것이지, 인디언 원주민 문화로부터 유래한 것은 아니다.」

Answer »   9.①   10.③

대명사 11

① 인칭대명사

(1) 주격 인칭대명사

(~은/는/이/가) I, we, you, she, he, it, they

He is Jane's brother.

You are very wise person.

(2) 소유격 인칭대명사

(~의) my, our, your, her, his, its, their

Do you know my name?

Mary is his younger sister.

(3) 목적격 인칭대명사

(~을/를) me, us, you, her, him, it, them

I'll let him go.

Did you see them?

(4) 소유대명사

(~의 것) mine, ours, yours, hers, his, theirs

3인칭 단수 it은 소유대명사 형태를 사용하지 않는다.

This is Kate's book. That is mine.

Those shoes are hers.

② 재귀대명사

문장의 주어와 타동사의 목적어가 동일할 경우 사용되는 '재귀용법', 주어/목적어/보어의 뒤에서 그 뜻을 강조하는 '강조용법', 전치사의 목적어로 쓰이는 '관용적용법' 등이 있다.

(1) 종류

구분		1인칭	2인칭	3인칭
단수		myself	yourself	himself
				herself
				itself
복수		ourselves	yourselves	themselves

(2) 목적어의 역할(재귀용법)

She is looking at herself in the mirror.

I was angry with myself for making such a mistake.

(3) 강조의 의미

주어, 목적어, 보어와 동격으로 쓰이며 생략이 가능하다.

They themselves had a similar opinion.

I will meet the doctor herself.

(4) 전치사 + 재귀대명사의 관용표현

① by oneself : 혼자서(외톨이인 상태)

   Can you stay here by yourself?

② for oneself : 혼자 힘으로

   I made these cookies for myself.

③ of itself : 저절로

   The door opened of itself.

④ in itself : 본질적으로

   Love in itself is higher than friendship.

⑤ between ourselves : 우리끼리 얘기지만

   This is just between ourselves.

❸ It의 용법

(1) 지시대명사

앞에 나온 단어, 구, 절을 받는다.

I have a pet cat. It is very cute.

He is handsome, and he knows it well.

(2) 비인칭주어 it

시간, 날짜, 요일, 날씨, 계절, 거리, 명암을 나타낼 때 사용하며 해석하지 않는다.

It is ten to nine. (시간)

It is June 30. (날짜)

It's Sunday today. (요일)

It snows a lot in winter. (날씨)

It's summer. (계절)

It is 30 miles away from my school. (거리)

It's getting dark. (명암)

(3) 강조구문

It is + 강조내용 + that~

I met Linda on the street yesterday.

→ It was **Linda** that I met on the street yesterday.
  (내가 어제 거리에서 만난 것은 바로 Linda였다.)

→ It was **on the street** that I met Linda yesterday.
  (내가 어제 Linda를 만난 곳은 바로 길거리였다.)

→ It was **yesterday** that I met Linda on the street.
  (내가 길에서 Linda를 만난 것은 바로 어제였다.)

(4) 가주어, 가목적어

to부정사구, 동명사구, 명사절이 주어나 목적어에 사용된 경우 그 부분을 문장의 제일 뒤로 보내고, 주어나 목적어 자리에 it을 써서 형식적인 역할을 하도록 한다.

① 가주어

It is good for you to get up early in the morning.

It is not clear which is better.

② 가목적어

I made it a rule not to play computer games.

His invention made it possible that we could do it more handily.

④ 지시대명사

(1) this(these)는 가까운 것, that(those)은 먼 것

Look at this!

Is that the man who sang on the stage yesterday?

(2) 명사의 반복을 피하기 위한 that(those)

The climate of Korea is milder than that of Japan.

The cost of air fare is higher than that of the bus fare.

(3) this와 that은 앞에 나온 구와 절을 받음

I was late and this made her angry.

I will come tomorrow. That will please you.

(4) that은 전자(前者), this는 후자(後者)

Work and play are both necessary this gives us rest and that energy.

I can speak English and Japanese this is easier to learn than that.

⑤ 의문대명사 – who, which, what

(1) who, what

① who : 이름, 가족관계 (누구, 누가)

Who is she? – She is my aunt.

Who broke the vase?

② what : 직업, 신분 (무엇, 어떤 사람)

What is she? - She is a famous writer.

(2) what, which

① what : 전혀 모르는 것

What do you like? - I like to read a book.

② which : 주어진 것 중에서 선택

Which do you like better, tea or coffee? - I like coffee better.

⑥ 부정대명사 - one, other, another

(1) 일반인(one, one's, oneself)

One should obey one's parents.

One must not neglect one's duty.

(2) one = a(n) + 명사

I need a pen please lend me one.

I have a camera. Do you have one?

(3) one ~, the other … : (둘 중) 하나는~, 다른 하나는…

One is for men, the other is for women.

I have two dogs one is white, and the other is black.

(4) some ~, other … : (한정되지 않은 여럿 중) 일부는~, 일부는…

Some students walk to school, other ride a bike.

Some people like winter, other like summer.

(5) the others : (한정된 여럿 중) 나머지들

I bought five pens. One is for my mother and the others are for my friends.

Each praises the others.

(6) another : 또 하나의 다른 것, 사람

I don't like this room. I'm going to ask for another.

I have six dogs one is white, another is black and the others are brown.

I want another apple.

To know is one thing, to teach is another.

       Point 〉 A is one thing, B is another : A와 B는 별개이다.

기타 대명사들

구분	모두	하나만	각자	전체 부정
둘	both	either	each	neither
셋 이상	all	one	every	none

(1) 둘뿐일 때

I have two sisters.

Both of them are pretty. (그들은 둘 다 예쁘다.)

Either of my sisters is blond. (내 여동생들 중 한 명은 금발이다.)

Each of my sisters has boyfriend. (내 여동생들은 각자 남자친구를 가지고 있다.)

Neither of my sisters is lazy. (내 여동생중 게으른 사람은 없다.)

(2) 셋 이상일 때

There are 20 boys in my class.

All of them are diligent. (그들은 모두 부지런하다.)

One of the boys is handsome. (그 소년들 중 한 명은 잘생겼다.)

Every boy has a talent. (모든 소년들이 장기를 가지고 있다.)

None of the boys are lazy. (소년들 중에 게으른 사람은 없다.)

출제예상문제

1 다음 문장의 밑줄 친 부분 중 가장 어색한 것은?

> The ① <u>first three</u> books are math books, the ② <u>next two ones</u> are psychology books and ③ <u>the last</u> ④ <u>one</u> is an art book.

Tip 》 ② 대명사 one은 기수·서수와 함께 쓰이지 않는다.

따라서 ②는 next two 또는 two next ones가 되어야 한다.

「처음 세 권의 책은 수학책이고, 다음 두 권의 책은 심리학책이며, 마지막 한 권은 미술책이다.」

Q 다음 밑줄 친 부분에 가장 알맞은 것을 고르시오. 【2~5】

2

> The work was divided between _____.

① I and he

② me and him

③ he and I

④ him and me

Tip 》 between이 전치사이므로 목적격이 와야 한다. 또한 2인칭, 3인칭, 1인칭의 인칭연결의 어순에 따른다.

「그 일은 그와 나에게 분배되었다.」

Answer 》 1.② 2.④

3

The door of bedroom opened _____.

① of itself

② for itself

③ in itself

④ by itself

Tip ≫ ① 저절로 ② 혼자 힘으로 ③ 본질적으로 ④ 혼자서

「침실의 문이 저절로 열렸다.」

4

To know is one thing and to teach is _____.

① other

② the one

③ another

④ the other

Tip ≫ A is one thing, B is another A와 B는 별개이다

「아는 것과 가르치는 것은 별개이다.」

5

_____ people study Greek seriously, while most seem to prefer Japanese, Chinese and the like.

① Little

② Few

③ Many

④ Much of

Tip ≫ while이 이끄는 절은 대개 주절과 상반된 관계에 있으므로 most와 대비되는 few(가산명사 people을 수식하므로)가 적절하다.

「많은 사람들이 일본어와 중국어 등을 선호하는 반면 그리스어를 열심히 공부하는 사람은 거의 없다.」

6 다음 중 어법상 잘못된 것은?

① He is impossible for us to persuade.

② English is difficult for us to master in a year or two.

③ Mary was good to leave the place immediately.

④ It is easy that we convince him.

> **Tip 》** persuade 설득하다, 납득시키다 convince ~에게 납득시키다
> ④ easy, difficult는 진주어에 that절을 사용하지 못한다.
> It is easy that we convince him.
> →It is easy for us to convince him.(우리가 그를 납득시키는 것은 쉽다.)

7 다음 문장 중 틀린 부분은?

> ①How does the ②author's mother say ③will serve ④as mutual correctives for the Indian people?

> **Tip 》** author 저자 serve as ~의 역할을 하다 mutual 공동의, 서로의 corrective 교정물, 조정책
> ① 'does the author's mother say'는 삽입절이므로 주어가 와야 한다. how는 부사이므로 what으로 바꿔야 한다.
> 「그 작가의 어머니는 무엇이 인디언들을 위한 상호 조정책들로서 역할을 할 것인지 물었다.」

8 다음 문장 중 틀린 부분은?

> No ①one ②can blame him ③for doing ④one's duty.

> **Tip 》** blame ~for ~을 비난하다 do one's duty 의무를 다하다
> ④ one's → his
> 「그가 자신의 의무를 다한 것에 대해 그를 비난할 수 있는 사람은 아무도 없다.」

Answer 》   3.① 4.③ 5.② 6.④ 7.① 8.④

12 전치사

① 시간을 나타내는 전치사

(1) at, on, in

① at : (시간)~에

I got up at seven o'clock this morning.

At lunch time, I ate my sandwiches.

② on : (요일, 특정한 날짜)~에

On Saturdays, I play basketball with Jake and Tim.

She was born on Jun 23, 1973.

③ in : (년, 월, 계절)~에

Sometimes it snows in winter.

In the 1980s the machine was invented.

(2) till, by

① till : ~까지(계속)

He worked hard till midnight.

She stayed at home till Monday.

② by : ~까지(완료)

Can you finish this work by nine?

I will come by seven.

(3) within, in, after

① within : ~이내에

I will come back within an hour.

It's green without and yellow within.

② in : ~지나서 그 때

    We arrived at the building in an hour.

    Come again in a day or two.

③ after : ~지나서 이후에

    I will go to the movies after school.

    After doing my homework, I went to bed.

(4) for, during

① for+셀 수 있는 단위(숫자 등) : ~동안

    I studied English for 5 hours.

    He was in hospital for six months.

② during+특정 기간(휴가, 수업, 방학 등) : ~동안

    Do you have any special plans during the vacation?

    He was in hospital during the summer.

❷ 장소를 나타내는 전치사

(1) at, in

① at : (좁은 장소)~에

    I arrived at the base.

    I stay at the office.

② in : (넓은 장소/지역/국가)~에

    I bought this book in America.

    She was born in Jejudo.

(2) on/beneath, over / under, above/below

① on : (어떤 면에 접촉한) 위

    They lived on the fourth floor.

    There is a picture on the wall.

② beneath : (어떤 면에 접촉한) 아래

The ship sank beneath the waves.

The earth is beneath my feet.

③ over : (약간 떨어진) 위

The train is passing over this bridge.

There is a bridge over the river.

④ under : (약간 떨어진) 아래

Don't stand under a tree when it thunders.

There are a few mice under the sink.

⑤ above : (비교적 보다 높은 곳) 위로

what is the purpose of the above passage?

The sun has risen above the horizon.

⑥ below : (비교적 보다) 낮은 곳

The table is below the mirror.

There is a waterfall below the bridge.

(3) into, out of

① into : (밖에서) 안으로

A rabbit ran into the bush.

Someone is going into the building.

② out of : (안에서) 밖으로

A mouse came out of the hole.

He ran out of the house.

(4) between, among

① between : 둘 사이

There are some differences between Kate and Laura.

She sit between Jack and Jill.

② among : 셋 이상 사이

Birds are singing among the trees.

I live among the poor.

❸ 기타 중요한 전치사

(1) for, against

① for : 찬성

We voted for the bill.

Are you for or against the proposal?

② against : 반대

He spoke against the bill.

I voted against him.

(2) to, into

① to : 동작의 결과

He walked himself to lame.

She tore the letter to pieces.

② into : 변화의 결과

Flour can be made into bread or cake.

He poked the fire into a blaze.

(3) die of/from(~로 인해 죽다)

① die of+자연(illness, cold, hunger)

He died of cancer.

Thomas died of hunger.

② die from+사고(explosion, wound)

Amy died from asthma attack.

He died from weakness.

(4) be made of/from

① be made of+재료 : 재료가 물리적으로 형태가 변화한 것.

This de나 is made of steal.

Most houses are made of weed.

② be made from+재료 : 재료가 화학적으로 변해 흔적이 없는 경우

The plastic is made from the fossil fuel.

Cake is made from wheat.

④ 중요한 전치사구

(1) according to+명사

~에 의하면, ~에 따라서

According to the passage, which one is true?

He came according to his promise.

(2) because of(owing to, on account of)+명사

~때문에

Everybody likes him because of his kindness.

Because of the weather, we couldn't go on a picnic.

(3) in spite of(despite)

~에도 불구하고, ~이지만

Despite much effort, he failed the exam.

The game went on in spite of the rain.

⑤ 형용사+전치사의 관용표현

(1) be angry with(~에 화내다)

① be angry with+사람

    She is angry with her mother.

    He was angry with his son.

② be angry at+사물

    I am angry at his folly.

    I am angry at Tom for coming late.

(2) be anxious about/for

① be anxious about ～ : ～을 걱정하다.

She is anxious about my work.

I am anxious about her health.

② be anxious for ～ : ～을 원하다.

He is anxious for success.

Parents are anxious for the happiness of their children.

(3) be tired of/from

① be tired of ～ : ～에 싫증나다.

I am tired of baseball.

She is tired of studying math.

② be tired from ～ : ～로 피곤하다.

She is tired from a long walk.

I'm tired from work.

(4) be good for/at

① be good for ～ : ～에 좋다.

Walking is good for your health.

It is good for you to get up early.

② be good at ～ : ～에 능숙하다.

She is good at math.

I am good at speaking English.

⑥ 동사＋전치사의 관용표현

(1) deal in/with

① deal in ~ : ~을 거래하다, ~을 취급하다.

We deal in the most famous brands.

I don't deal in that line.

② deal with ~ : ~을 취급하다, ~을 다루다.

The book deals with the problem of pollution.

I can deal with that.

(2) attend to/on

① attend to ~ : ~에 주의하다.

He attends to his teacher's class.

Attend to your own business, please.

② attend on ~ : ~을 시중들다.

She had to attend on her little brother.

The nurses attended on the sick day and night.

(3) consist in/of

① consist in ~ : ~에 달려 있다.

Love does not consist in gazing at each other, but in looking outward in the same direction.

Wisdom does not consist only in knowing facts.

② consist of ~ : ~로 구성되다.

The committee consists of nine members.

Living organisms consist of cells.

Q 다음 문장의 빈칸에 들어갈 전치사로 가장 적절한 것을 고르시오. 【1~2】

1

> The Irish brought the popular custom of Halloween to America _____ 1840s.

① into the
② in the
③ within
④ during

Tip 》 1840s(연도)를 수식하는 전치사는 in이다.
  ① into : 방향을 나타내는 전치사이다.(시간의 추이를 나타낼 때는 '~까지'의 의미로 쓰인다).
  ② in : 세기 · 연도 · 계절 · 월 · 아침 · 점심 · 저녁 등을 표시한다.(특정한 날의 아침, 점심, 저녁, 밤이거나 수식어가 붙으면 on을 쓴다). the는 in과 함께 사용되어 연대를 표시한다.
  ③ within : '~이내에'의 의미로 시간의 추이를 나타낸다.
  ④ during : '~동안에'의 의미로 특정 기간과 함께 쓰여 기간을 나타낸다.
  「아일랜드인들은 1840년대에 미국에 대중적인 할로윈의 풍습을 가져왔다.」

2

> Since last month, the price of an average long-distance call has plummeted, _____ nearly 50 percent.

① on
② by
③ beside
④ with

Tip 》 빈칸부터는 앞 문장에 대한 추가설명이며, 정도 · 차이를 나타낼 때는 전치사 by를 쓴다.
  「지난달 이래로 일반 장거리 전화요금이 거의 50%까지 떨어졌다.」

Answer 》 1.② 2.②

3 다음 각 문장의 밑줄에 공통으로 들어갈 가장 알맞은 것은?

- Man cannot live _____ water.
- It never rains _____ pouring.

---

① on   ② without

③ only   ④ along

    Tip 》》 live without ~ 없이 살다(= get along without, dispense with)
           부정어 ~ without -ing ~하면 반드시 -하다
        「• 인간은 물 없이는 살 수 없다.
         • 비만 오면 쏟아진다[설상가상(雪上加霜)].」

Q 다음 밑줄 친 부분에 가장 알맞은 것을 고르시오. 【4~11】

4

Because of the heavy rain, we couldn't go out.
= The heavy rain _____ us from going out.

---

① felt   ② helped

③ kept   ④ sent

    Tip 》》 heavy rain 호우(豪雨), 폭우 go out 외출하다
           Because of the heavy rain, we couldn't go out.
           = The heavy rain kept us from going out.
           = The heavy rain prevented us from going out.
           = The heavy rain prohibited us from going out.
           = The heavy rain forbade us to go out.
        「폭우 때문에, 우리는 외출할 수 없었다. / = 폭우가 우리를 외출하지 못하게 했다.」

5

I will come back _____ six this evening.

① till   ② by
③ in   ④ for

Tip ≫ '~까지'의 뜻으로, 완료의 의미로 쓰이는 것은 by이다.
「나는 오늘 저녁 6시까지 돌아오겠다.」

6

I have lived here _____ 1995.

① in   ② on
③ at   ④ since

Tip ≫ 현재완료(have p.p.) + since + 과거시제
「나는 1995년 이후로 계속 이 곳에 살고 있다.」

7

Birds were singing _____ the green trees.

① among   ② between
③ through   ④ beneath

Tip ≫ ① (셋 이상) 사이에 ② (둘 중) 사이에 ③ ~을 통해서 ④ ~아래
「새들은 푸른 나무들 사이에서 노래하고 있다.」

Answer ≫ 3.② 4.③ 5.② 6.④ 7.①

8

> Wine is made _____ grapes.

① of   ② from

③ into   ④ with

Tip ≫ be made of~ ~로 만들어지다(재료의 흔적이 있는 경우)   be made from~ ~로 만들어지다(재료의 흔적이 없는 경우)

「포도주는 포도로 만들어진다.」

9

> He died _____ cancer.

① from   ② of

③ with   ④ at

Tip ≫ die of + [자연 발생적인 것] ~로 죽다   die from + [인위적인 것] ~로 죽다

「그는 암으로 죽었다.」

10

> I'm _____ a loss for a solution.

① in   ② to

③ at   ④ for

Tip ≫ at a loss 어찌할 바를 모르는

「나는 해결책을 위해 어쩔 줄 몰라 했다.」

11

> This crown was made _____ gold.

① from　　　　　　　　　　② into

③ of　　　　　　　　　　　④ by

> **Tip 》** be made of 재료 : (물리, 형태의 변화) ~로 만들어지다.
>
> be made from 재료 : (화학적 변화) ~로 만들어지다.
>
> be made into 완성품 : ~가 되다.
>
> be made by 행위자 : (사람)~에 의해 만들어지다.
>
> 왕관은 금이 화학적 성질이 변한 것이 아니라 형태가 변해 만들어진 것이므로 be made of가 적절하다.
>
> 「이 왕관은 금으로 만들어졌다.」

12 다음 문장 중 용법상 옳지 않은 것을 고르시오.

① My services are always on your disposal.

② They have been on friendly terms for many years.

③ It was on a hot summer afternoon when I was introduced to her.

④ I met him on my way home from school.

> **Tip 》** be at(in) one's disposal ~의 뜻(마음)대로 되는 on friendly terms 친한, 사이가 좋은 on one's(the) way (~하는) 도중에
>
> ① on → at 또는 in, disposal 앞에는 전치사 on이 아니라 at 또는 in이 쓰인다.
>
> ① 나의 서비스는 항상 당신 마음대로 할 수 있다.
>
> ② 그들은 수년 동안 사이가 좋았다.
>
> ③ 내가 그녀를 소개받은 때는 어느 뜨거운 여름 오후였다.
>
> ④ 나는 학교에서 집으로 가는 도중에 그를 만났다.

Answer 》　8.② 9.② 10.③ 11.③ 12.①

13 비교

① 비교급(더 ~한)과 최상급(가장 ~한)

(1) 규칙변화

① 보통 - er, - est를 붙여 비교급, 최상급을 만든다.

long - longer - longest

small - smaller - smallest

cool - cooler - coolest

② -e로 끝나면 - r, - st만 붙인다.

large - larger - largest

polite - politer - politest

free - freer - freest

③ 단모음+단자음으로 끝나면 자음을 중복하고 - er, - est를 붙인다.

big - bigger - biggest

thin - thinner - thinnest

hot - hotter - hottest

④ 자음+y로 끝나면 y를 i로 바꾸고 - er, - est를 붙인다.

happy - happier - happiest

pretty - prettier - prettiest

early - earlier - earliest

⑤ -ful, -less, -ous, -ive, -ing로 끝나는 2음절 단어와 3음절 이상의 단어에는 more, most를 붙인다.

beautiful - more beautiful - most beautiful

useful - more useful - most useful

famous - more famous - most famous

Who is taller, Jake or Tim?

She is more famous than her husband.

A whale is larger than a penguin.

(2) 불규칙변화

① good(well) − better − best

② bad(ill) − worse − worst

③ many(much) − more − most

④ little − less − least

⑤ old(늙은)

   ㉠ 나이 : old − older − oldest

   ㉡ 형제, 자매의 순서 : old − elder − eldest

⑥ far(먼)

   ㉠ 거리 : far − farther − farthest

   ㉡ 정도 : far − further − furthest

⑦ late(늦은)

   ㉠ 시간 : late − later − latest

   ㉡ 순서 : late − latter − last

   The girl wearing blue dress is my elder sister.

   Do you have anything further to say?

   Which one is the latest?

② 원급을 사용한 주요 구문

(1) as(so) 원급 as ~ : ~만큼 … 하다.

The second movie was as good as the first.

She runs as fast as her brother.

(2) as 원급 as possible : 가능한 ~하게

He ran as fast as possible.

Write me back as soon as possible.

(3) not so much A as B : A라기 보다는 B

He is not so much a teacher as a novelist.

= He is a novelist rather than a teacher.

She is not so much a student as an artist.

(4) ~times as 원급 as : ~배 더 …한

This house is three times as big as ours.

= This house is three times the size of ours.

She is five times as fat as that girl.

(5) 최상급의 뜻을 가지는 원급비교

① as A as any+명사 : 어떤 ~에도 못지않게 A한

    Moly is as fast as any girl in my school.

② as A as ever+동사 : 누구 못지않게 A한, 전례 없이 A한

    He was as honest a merchant as ever engaged in business.

③ 부정주어 + so(as) A as B : B만큼 A한 것은 없다.

    No other food is so(as) various as kimchi.

③ 비교급을 사용한 주요 구문

(1) 비교급 and 비교급 : 점점 더 ~한

It's getting warmer and warmer.

The waves got higher and higher.

(2) the+비교급

① the+비교급~, the+비교급~ : ~하면 할수록 ~하다.

    The higher we climb, the colder it becomes.

    The more I know her, the more I like her.

② the+비교급+for(because) ~ : ~때문에 더욱 더 ~하다.

   I love him the better for his faults.

   I like her the better for her mind.

③ the+비교급+of the two : 둘 중 더 ~한

   She is the stronger of the two.

   This book is the more interesting of the two.

   (3) know better than to부정사

   ~할 정도로 어리석지 않다.

   She knows better than to say such a thing.

   (4) no/not more than

① no more than : 단지, 겨우(=only)

   She has no more than 5 dollars.

   = She has only 5 dollars.

② not more than : 기껏해야(=at most)

   She has not more than 5 dollars.

   = She has at most 5 dollars.

   (5) no/not less than

① no less than : ~만큼이나 많은, ~정도(=as much as)

   She has no less than 5 dollars.

   = She has as much as 5 dollars.

② no less than : ···보다 덜 ~한 것이 아니다, ···만큼 ~하다 (=as ~ as)

   She is no less pretty than her sister.

   = She is as pretty as her sister.

   (6) A is no more B than C is D : A가 B 아닌 것은 C가 D 아닌 것과 같다.

A whale is no more a fish than a horse is (a fish).

= A whale is not a fish any more than a horse is (a fish).

A bat is no more a bird than a bat is (a bird).

④ 최상급을 사용한 주요 구문

(1) 최상급 의미의 표현들

① 비교급 than any other 단수명사

② 부정어 ~ 비교급 than …

③ 부정어 ~ as(so) 원급 as …

Tokyo is the largest city in Japan.

= Tokyo is larger than any other city in Japan.

= No other city in Japan is larger than Tokyo.

= No other city in Japan is as large as Tokyo.

> Point 〉 최상급을 이용한 관용표현
> ㉠ at one's best : 전성기에
> ㉡ at (the) most : 많아야
> ㉢ at last : 드디어, 마침내
> ㉣ at least : 적어도

(2) the last

① 마지막

He was the last to come.

It's the last.

② 가장 ~할 것 같지 않은 : the last ~ to 동사원형

Laura is the last girl to do such a thing.

He is the last man to tell a lie.

(3) 양보의 뜻을 갖는 최상급

The wisest man may sometimes make a mistake. (가장 현명한 사람이라도 때로는 실수를 한다.)

The fastest rocket could not reach the Mars in one day. (가장 빠른 로켓이라 하더라도 하루 만에 화성에 닿을 수는 없다.)

1 다음 문장의 밑줄 친 부분 중 어법상 가장 어색한 것은?

① Most evergreens have ② needle-like leaves that require ③ least water than ④ regular leaves.

Tip 》 ③ 뒤에 than이 있으므로 비교급 less가 와야 한다. (less~than)
「대부분의 상록수들은 보통 잎보다 적은 양의 물을 필요로 하는 바늘 같은 잎을 가지고 있다.」

2 다음 문장의 빈칸에 들어갈 말로 가장 적절한 것은?

The more distant a star happens to be, the dimmer _____.

① that seems to us
② seeming to us
③ seeming to us
④ it seems to us

Tip 》 ④ 이 문장은 비교급을 이용한 문장으로, 'The 비교급(-er)+주어+동사~, the 비교급(-er)+ 주어+동사…[~하면 할수록 (그만큼) 더 …하다]'형태를 취하고 있다.
「별이 멀리 있으면 있을수록 그것은 우리에게 더 희미한 것처럼 보인다.」

Answer 》 1.③ 2.④

3 다음 문장을 가장 잘 설명한 것은?

> He is not so much a scholar as a writer.

① He is neither a scholar nor a writer.
② He is both a scholar and a writer.
③ He is not a writer but a scholar.
④ He is more a writer than a scholar.

Tip 》 not so much A as B A라기보다는 차라리 B이다(= more B than A)
  ① 그는 학자도 작가도 아니다.
  ② 그는 학자이면서 작가이기도 하다.
  ③ 그는 작가가 아니라 학자이다.
  ④ 그는 학자라기보다는 작가이다.
  「그는 학자라기보다는 차라리 작가이다.」

4 다음 중 어법상 어색한 표현은?

① Nothing is so precious than time.
② This is the more useful of the two.
③ You must study as hard as possible.
④ He is not so much a politician as a businessman.

Tip 》 precious 귀중한, 소중한   politician 정치가
  ① nothing is so + 형용사 + as ~(~만큼 …한 것은 없다)의 구문으로 than을 as로 고쳐야 한다.
  ① 시간만큼 귀중한 것은 없다.
  ② 이것이 둘 중에서 더 유용하다.
  ③ 당신은 가능한 한 열심히 공부해야 한다.
  ④ 그는 정치가라기보다는 사업가이다.

5 다음 중 빈칸에 들어갈 알맞은 것은?

> Erica Mason is a willing volunteer on several boards and committees. She is one of _____ citizens in the community.

① the most active

② as the active

③ more active than

④ most actively

> **Tip ≫** one of the + 최상급의 용법으로 비교의 대상은 지역의 전 시민들이며, 가장 적극적인 시민 중 하나라는 의미가 되려면 active의 최상급이 와야 한다. ④의 most actively는 부사의 최상급으로 명사 citizens를 수식할 수 없다.
> 「Erica Mason은 몇몇 평의회와 위원회에 자원했다. 그녀는 지역에서 가장 적극적인 시민 중 한명이다.」

6 다음 글의 흐름으로 보아, 밑줄 친 부분을 가장 잘 고친 것은?

> Who would care to live in Seoul if it were deserted by its inhabitants, and if the horns of a motor – car were never to be heard in its streets? It would be like a hideous city of the head, and you would <u>no more than think of going to it of going to</u> the Sahara.

① no less than think of going to it of going to

② no more think of going it than of going to

③ no less think of going to it than of going to

④ not less than think of going to it of going to

> **Tip ≫** ② 'A가 B가 아닌 것은 C가 D가 아닌 것과 같다'는 의미가 되려면 A is no more B than C is D의 구문이 되어야 한다.
> 「서울이 거주자들에 의해 버려진다면, 그리고 자동차 경적이 거리에서 전혀 들려 오지 않는다면 누가 서울에서 살고 싶어할까? 그 곳은 죽은 사람들의 소름끼치는 도시가 될 것이다. 그러면 당신은 사하라에 가고 싶어하지 않은 것처럼 서울에서도 가고 싶어하지 않을 것이다.」

Answer ≫ 3.④ 4.① 5.① 6.②

7 다음 밑줄 친 부분 중 문법적으로 옳지 않은 것은?

> The second speaker was the ① most amusing of the two, ② though he had ③ little ④ of substance to add.

Tip 》 amuse (남)을 즐겁게 하다, 재미나게 하다
① most amusing → more amusing, 둘을 놓고 비교할 때에는 최상급이 아니라 비교급을 사용하여야 한다.
「두 번째 연설자는 덧붙일 내용이 거의 없었음에도 불구하고 두 연설자 중 더 재미있었다.」

8 다음 중 문법상 오류가 있는 문장은?

① Her explanation was very difficult.
② He tried to rise again only to fail.
③ You are old enough to know more better.
④ The book deals fully with inflation.

Tip 》 explanation 설명 A(형용사) + enough to B(동사원형) B할 만큼 충분히 A하다(= so + 형용사 + that + 주어 + can ~) deal with ~을 다루다, 처리하다, 취급하다 fully 완전히, 충분히, 전적으로 inflation 통화팽창, 인플레이션
③ better는 well의 비교급으로 '더 잘, 더 많이'의 뜻으로 more의 의미를 포함하고 있다. 따라서 more better는 비교급이 중복된 표현이다. 일반적으로 비교급은 a lot, much, far, even, still 등으로 수식하여 '훨씬'의 뜻을 나타낸다.
① 그녀의 설명은 매우 어려웠다.
② 그는 다시 일어나려고 했으나 소용이 없었다.
③ 너는 더 잘 알 정도의 나이가 되었다.
④ 그 책은 인플레이션에 관해 충분히 다루고 있다.

Q 다음 문장의 빈칸에 들어갈 가장 알맞은 것을 고르시오. 【9~10】

9

> Ball-point pens require _____ than fountain pens do.

① the thicker the ink
② an ink and thicker
③ a thicker ink
④ the ink is thicker

　　Tip 》》 thicker ~ than ~의 연결관계(비교급 구문).
　　　「볼펜은 만년필보다도 더 진한 잉크를 필요로 한다(만년필이 필요로 하는 것보다도).」

10

> There were two large offices on this floor, _____ served as a conference room.

① the larger of which
② the larger of them
③ the largest of which
④ largest of that

　　Tip 》》 floor 마루, 층 serve as ~의 역할을 하다, ~으로 쓰이다 conference 회담, 협의, 회의, 협의회
　　　① 비교급에는 원칙적으로 정관사 the를 붙이지 않는다. 다만, 예외적으로 동일인(물)의 성질을 비교할 때, 비교의 범위를 둘로 명시한 어구가 있을 때(of the two 등) 또는 for, because 등이 올 때나 관용표현(The 비교급~, the 비교급~)에는 비교급 앞에 the를 붙인다. 따라서 앞문장에 two large offices가 있으므로 the larger가 되어야 하며, 뒷문장은 종속절이 되어야 하므로 접속사와 주어 역할을 모두 할 수 있는 관계대명사가 필요하다.
　　　「이 층에는 두 개의 커다란 사무실이 있었는데, 그 (두 개) 중에 더 커다란 것이 회의실로 쓰였다.」

Answer 》》　7.① 8.③ 9.③ 10.①

PART

03

독해

01 글의 핵심파악

(1) 제목 찾기

주제문을 찾아 요약하고 글 속에서 자주 반복되는 핵심어와 연결된 것을 찾는다. 제목은 주제보다 상징성이 강하며 간결하고 명료하다.

〈제목 찾기에 많이 출제되는 명사〉

importance 중요성	similarity 유사성
need, necessity 필요성	difference 차이점
influence 영향	increase 증가
effect 효과	decrease 감소
reason 이유	advantage 이점
cause 원인	disadvantage 단점
difficulty 어려움	role 역할
ways 방법	condition 조건
improvement 개선	development 개발

---

(2) 주제 찾기

글의 중심생각을 묻는 것으로 보통 주제문에 분명하게 드러나므로 전체 글을 이해하여 주제문을 찾는 것이 중요하다.

(3) 요지 찾기

주제를 찾는 문제와 드러나는 차이는 보이지 않지만 글을 나타내는 상징성의 정도가 요지 < 주제 < 제목의 순으로 드러난다. 선택지가 속담으로 구성되어 있는 경우도 있으므로 속담, 격언에 유의한다.

〈요지·주장에 많이 출제되는 단어들〉
- 조동사 : must, should, ought to, have to, had better(~하는 게 더 낫다), need to 등
- 형용사 : important, necessary(필수적인), crucial(중요한), critical(중요한), desirable(바람직한) 등

⑷ 문단 요약

글의 요지를 파악하는 능력과 함께 쓰기 능력을 간접적으로 평가하는 문제이다. 요지와 세부 내용을 모두 파악하여 간결하게 하나의 압축된 문장으로 나타낼 수 있어야 한다. 단락의 핵심어를 선택지에서 표현을 바꾸는 경우가 있으므로 동의어 등에 유의한다.

〈글의 전개 방식〉

- 두괄식 : 첫머리에 문단의 핵심 내용을 놓고, 뒤에 그 문장을 풀이하거나 예시를 드는 구조
- 중괄식 : 핵심 내용을 중간에 배치하고 앞뒤로 예시를 드는 구조
- 양괄식 : 핵심 내용을 첫머리에 두고 예시를 나열한 다음, 끝부분에 핵심 내용을 반복하는 구조
- 미괄식 : 앞부분에는 예시를 들어 구체적인 서술을 하고 끝부분에 결론으로 핵심 내용을 두는 구조

---

1 다음 글의 제목으로 가장 적절한 것은?

> Everyday dangers can be classified into three basic types : diseases, mistakes, and unsafe equipment. These dangers are everywhere but can be avoided if you follow just a few simple tips. To avoid getting sick, my best advice is to wash your hands. You should wash your hands regularly, especially if you have been hanging out with friends. To avoid dangers resulting from mistakes, you don't have to give up activities such as cycling and cooking, but you have to be careful anytime you are doing them. Do not daydream. Finally, avoid using unsafe equipment. This is very simple. If a chair looks weak, do not stand on it. If a glass is cracked, do not drink from it.

① Three Efforts to Keep Your Body Clean
② The Importance of Being Considerate of Others
③ Safety Guidelines for the Risks of Daily Life
④ Rules for the Prevention of Chronic Diseases

Tip》 classify 분류하다 equipment 장비, 설비 avoid 방지하다, 피하다 especially 특히 daydream 공상, 몽상 crack 깨뜨리다
① 몸을 청결하게 유지하기 위한 세 가지 노력
② 타인을 배려하는 것의 중요성
③ 일상생활의 위험에 대한 안전지침
④ 만성질환 예방에 관한 규칙

「일상적인 위험은 질병, 실수, 안전하지 않은 장비의 세 가지 기본 유형으로 분류할 수 있다. 이러한 위험은 어디에나 있지만 몇 가지 간단한 팁만 따르면 피할 수 있다. 아프지 않으려면, 손을 씻으라는 것이 나의 최선의 조언이다. 특히 친구들과 어울려 놀았다면, 손을 규칙적으로 씻어야 한다. 실수에 따른 위험을 피하기 위해 자전거 타기, 요리하기 등의 활동을 포기할 필요는 없지만, 그것을 할 때마다 조심해야 한다. 공상에 잠기지 마라(→ 딴생각 하지 마라). 마지막으로 안전하지 않은 장비를 사용하지 마라. 이것은 매우 간단하다. 의자가 약해 보이면 그 위에 서지 마라. 유리잔에 금이 갔으면, 그 잔에서 물을 마시지 마라.」

2 다음 글의 제목으로 가장 적절한 것은?

Do you want to stop using disposable plastic bags? Visit our online store! It has a large selection of reusable shopping bags that meet every shopper's needs. You get to choose your bag's color and fabric, and add a unique logo or picture. This can be a great way to spread your business or nonprofit message! Most critically, shopping with a reusable bag helps reduce the number of paper and plastic bags that use up precious natural resources.

① Let People Know Your Message
② How to Cut Down on Nondisposable Bags
③ Make Your Bag and Save Natural Resources
④ Some Ways of Using Disposable Plastic Bags

> **Tip** 》 disposable 일회용의 reusable 재사용할 수 있는 fabric 직물, 천 spread 퍼뜨리다
> ① 사람들에게 당신의 메시지를 알려라.
> ② 다회용 봉투를 줄이는 방법
> ③ 당신의 가방 만들기 및 천연 자원 절약
> ④ 일회용 비닐 봉투를 사용하는 몇 가지 방법
> 「일회용 비닐 봉투 사용을 중지하시겠습니까? 저희 온라인 상점을 방문해 보십시오! 모든 쇼핑객들의 필요를 충족시키는 많은 종류의 재사용 가능한 쇼핑백을 보유하고 있습니다. 당신은 가방의 색깔과 천을 고르고, 독특한 로고나 그림을 더하면 됩니다. 이것은 당신의 사업이나 비영리적인 메시지를 퍼뜨리는 좋은 방법이 될 수 있습니다! 가장 중요한 것은, 재활용할 수 있는 가방을 사는 것은 귀중한 천연 자원을 소모하는 종이와 비닐 봉투의 수를 줄이는 데 도움이 된다는 것입니다.」

Answer 》 1.③ 2.③

3   다음 글의 요지로 가장 적절한 것은?

> Through discoveries and inventions, science has extended life, conquered disease and offered new material freedom. It has pushed aside gods and demons and revealed a cosmos more intricate and awesome than anything produced by pure imagination. But there are new troubles in the peculiar paradise that science has created. It seems that science is losing the popular support to meet the future challenges of pollution, security, energy, education, and food. The public has come to fear the potential consequences of unfettered science and technology in such areas as genetic engineering, global warming, nuclear power, and the proliferation of nuclear arms.

① Science is very helpful in modern society.
② Science and technology are developing quickly.
③ The absolute belief in science is weakening.
④ Scientific research is getting more funds from private sectors.

Tip 》》 conquer 정복하다 push aside 밀어 치우다 intricate 복잡한 peculiar 이상한, 독특한 meet the challenge 시련에 잘 대처하다 unfettered 제한받지 않는 proliferation 확산
이 글은 과학의 문제점에 대해 언급하여 대중들이 과학과 기술의 잠재적 결과들을 두려워하게 되었다고 말하고 있다.
① 과학은 현대 사회에서 매우 유용하다.
② 과학과 기술은 빠르게 발전하고 있다.
③ 과학에 대한 전적인 믿음이 약해지고 있다.
④ 과학 연구가 민간 부문들로부터 더 많은 자금을 얻고 있다.

「발견과 발명을 통해, 과학은 생명을 연장했고 질병을 정복했으며 새로운 물질적 자유를 제공했다. 그것은 신과 악마를 한 쪽으로 밀어냈고 순수한 상상력에 의해 생산된 그 무엇보다도 더 복잡하고 놀라운 우주를 드러냈다. 하지만 그 독특한 천국에는 과학이 창조한 새로운 문제들이 있다. 과학은 공해, 안보, 에너지, 교육, 그리고 식량이라는 미래의 시련에 잘 대처하기 위한 대중적 지지를 잃는 것처럼 보인다. 대중은 유전공학, 지구온난화, 원자력, 그리고 핵무기의 확산과 같은 영역들에서 제한받지 않는 과학과 기술의 잠재적 결과들을 두려워하게 되었다.」

4 다음 글의 주제로 가장 적절한 것은?

The Olympics gives a good chance of sharing cultures. It can be found on the streets of many cities in the host countries. Many people, speaking many different languages, are visiting these cities. Each brings their own culture with them and changes the entire area into one big melting pot. A little part of everyone will be changed through their experiences in the world sporting event. This great cultural exchange will very likely help improve our understanding of the world around us, all through sports games.

① 올림픽의 긍정적 효과 　　　② 올림픽의 부정적 효과
③ 올림픽의 역사 　　　　　　④ 문화의 다양성

Tip》 investment 투자 exchange 교환, 교류
올림픽이 문화 공유의 좋은 기회를 제공하며 이러한 문화 교류가 주변 세계에 대한 이해를 향상시키도록 돕는다는 글의 내용을 통해 '올림픽의 긍정적 효과'가 글의 주제로 가장 적절하다.
「올림픽은 문화 공유의 좋은 기회를 제공한다. 그것은 주최국의 여러 도시 거리에서 볼 수 있다. 여러 다른 언어를 사용하는 많은 사람들이 이 도시들을 방문한다. 그들은 각각 자신들의 문화를 가지고 와서 전 지역을 하나의 문화의 도가니로 바꾼다. 누구나 어느 정도는 세계적인 스포츠 행사에서의 경험을 통해 변화될 것이다. 스포츠 경기 내내, 이러한 커다란 문화 교류가 우리 주변 세계에 대한 이해를 향상시키도록 돕게 될 것이다.」

5 다음 글의 주제로 가장 적절한 것을 고르면?

Economic growth improves the average standard of living. It also keeps people employed and earning income. It provides people with more leisure time, since they can decrease their working hours without decreasing their income. On the other hand, economic growth carries hidden costs. One hidden cost is the waste generated in producing many goods. This waste often causes air or water pollution. Also, the damage that pollution can cause to health is alarming.

① 여가활동의 다양성 　　　② 환경오염의 심각성
③ 경제발전의 양면성 　　　④ 자원보존의 필요성

Answer 》 3.③ 4.① 5.③

6 다음 글의 내용을 한 문장으로 요약할 때, 빈칸 ⓐ와 ⓑ에 들어갈 말로 바르게 짝지은 것은?

A recent study suggests that men and women who like to live their lonely lives, even those from a rich family, are more likely to die early in life than those who have many friends. In fact, simply the presence or touch of another person can calm us. It can keep our blood pressure and heart rate at low levels. Also, by talking with others we can learn to take care of ourselves — to eat right, to exercise, to stay away from drugs, and so on.

We can say that a (ⓐ) man is a (ⓑ) man.

① sociable — healthy   ② wealthy — healthy

③ sociable — busy   ④ wealthy — lonely

7 다음 글의 내용을 한 문장으로 요약하고자 한다. 빈칸 ⓐ와 ⓑ에 가장 알맞은 것끼리 짝지은 것은?

> The United States is often thought of as the most important movie-making country in the world. Hollywood, after all, is there, and Americans do love films. but it is India that makes more films than any other country. The country's total annual output is in the thousands. The country with the most theaters is Russia, which boasts 15,000 movie houses to the United States' 14,000. But people who seem to be the most enthusiastic movie fans on the planet are the Taiwanese. The average citizen of that tiny island nation goes to sixty-five movies per year. In contrast, the average American attends only five films a year.

> America's reputation as the movie capital cannot be (ⓐ) in terms of (ⓑ).

① justified – history

② denied – technology

③ justified – statistics

④ denied – population

Tip》 after all 결국 film 필름, 영화 annual 1년의, 해마다의 output 생산, 산출(량) boast 자랑하다 enthusiastic 열광적인, 열렬한 capital 수도, 중심지, 대문자, 자본(금) justify 정당화하다 deny 부정하다, 취소하다, 거절하다 statistics 통계(자료), 통계학

「미국은 종종 세계에서 가장 중요한 영화 제작국으로 여겨진다. 결국 할리우드가 그 곳에 있으며 미국인들은 정말로 영화를 사랑하지만, 다른 어떤 나라보다 더 영화를 많이 만드는(영화를 가장 많이 만드는) 나라는 인도이다. 그 나라의 연간 영화 총제작수는 수천 편에 이른다. 극장이 가장 많이 있는 나라는 러시아인데, 러시아는 미국이 14,000곳인데 비해 15,000곳의 극장이 있음을 자랑하고 있다. 그러나 지구상에서 가장 열렬한 영화팬인 것처럼 보이는 사람들은 대만 사람들이다. 이 조그만 섬나라의 국민들은 평균 1년에 65편의 영화를 보러 다닌다. 반면에 미국인들은 평균 1년에 고작 5편의 영화를 보러 다닌다.

영화의 중심지로서 미국의 명성은 통계자료의 관점에서 볼 때 정당화될 수 없다.」

Answer 》 6.① 7.③

8 다음 글에 가장 알맞은 제목은?

Today we know that worldwide disaster may be possible within the lifetimes of persons already born. Denial that the relatively near future could witness large-scale disaster rests, it seems to me, more on optimistic articles of faith than on scientific analysis. The prospects of an imminent world food shortage, and of a not distant day when the supply of fossil fuels and other critical minerals will be insufficient to support the world economy, seem to me to be virtually self-evident.

* articles of faith : 신조(信條)

① The Imminent Shortage of Natural Resources on Earth
② Mass Starvation as a Distant Worldwide Disaster
③ The Importance of Critical Minerals to Support the World Economy
④ Worldwide Disaster is Unlikely to Come Within Our Own Lifetime

> **Tip 》** worldwide 세계적인 disaster 재난, 재앙, 불행 lifetime 일생, 생애, 수명 denial 부정, 부인, 거부 relatively 상대적으로, 비교적 witness 목격하다, 증언하다, 입증(증명)하다 large-scale 대규모의 rest on ~에 근거하다, ~에 의거하다 optimistic 낙관적인, 낙천주의의 analysis 분석 prospect 전망, 예상 imminent 긴급한, 절박한 fossil fuel 화석연료 critical 위기의, 결정적인, 중대한 mineral 광물, 광석, 무기물 insufficient 불충분한, 부족한 support 받치다, 지탱하다, 지지하다 virtually 사실상, 실질적으로는 self-evident 자명한, 분명한 starvation 아사, 기아
> ① 곧 닥쳐올 것 같은 지구상의 천연자원의 부족
> ② 아득할(먼) 것 같은 세계적인 재앙으로서의 대규모의 (집단)기아
> ③ 세계경제를 지탱하기 위한 결정적인(중대한) 광물의 중요성
> ④ 세계적인 재앙은 우리 자신의 일생 동안에 오지 않을 것 같다.
>
> 「오늘날 우리는 세계적인 재앙이 이미 태어난 사람들의 일생 동안에 일어날지도 모른다는 것을 알고 있다. 비교적 가까운 미래에 대규모 재앙을 목격할 수 있다는 것에 대한 부정은 내 생각에는 과학적인 분석보다는 낙관적인 신조에 근거를 두고 있는 것 같다. 곧 닥쳐올 것 같은 세계식량부족, 머지않은 날에(가까운 시일 안에) 화석연료의 공급과 다른 중요한 광물들이 세계경제를 지탱하기에는 부족할 것이라는 절박한 전망이 내게는 실제로 자명한 것처럼 보인다.」

9 다음 글의 요지로 가장 적절한 것은?

The notion that one has already been educated offers one social permission never to learn anything more. Is it surprising that, under such conditions, so many people as they grow older become incapable of reading, learning, or thinking altogether? In a long-life world of the future, however, this will have to change. As aging people make up larger and larger percentages of the population, it will become more and more dangerous to permit them to remain a nonthinking weight on society. We will have to alter our attitude toward education. Society will have to take it for granted that learning is a life-long privilege and that education is a process to be continued.

① 평생교육을 실시해야 한다.
② 의무교육을 실시해야 한다.
③ 노령인구대책을 세워야 한다.
④ 교육은 사회적 요구를 수용해야 한다.

Tip 》 permission 허락 altogether 전혀 long-life 수명이 긴 nonthinking 생각하지 않는 weight 세력 alter 바꾸다, 고치다 take it for granted that ~ ~을 당연한 일로 여기다(생각하다) life-long 일생의, 평생의 privilege 특권

「사람이 이미 교육받았다는 개념은 그에게 더 이상 어떤 것도 전혀 배우지 말라는 사회적 용인을 주었다. 그런 조건하에서 너무나 많은 사람들이 늙어가면서 읽고, 배우거나 생각하기를 전혀 할 수 없게 된다는 것이 놀랍지 않은가? 그러나 미래의 긴 수명의 세계에서 이것은 바뀌어야 할 것이다. 노인들이 인구의 더 많은 비율을 구성하게 되면서 그들에게 사회의 생각하지 않는 세력으로 남아 있도록 허용하는 것은 점점 더 위험하게 되었다. 우리는 교육에 대한 우리의 태도를 바꾸어야 할 것이다. 사회는 배움이 일생 동안의 특권이고 교육은 계속되어야 할 과정임을 당연하게 받아들여야 할 것이다.」

Answer 》 8.③ 9.①

10 다음 글의 제목으로 가장 적절한 것은?

Everyone knows that dogs make wonderful pets. But many dogs also have different jobs. Some dogs, for example, are used by the police. Often these dogs help people in trouble or find people who are lost. Other dogs work at airports. They sniff out plants, food, and other things that people are not supposed to bring in from other countries. With their help, these things are found and never enter the country. Some other dogs help people keep their homes safe from harmful insects. Once the dogs find the insect nest with their sharp nose, people can have the insects and their nest removed.

* sniff out : 냄새로 ~을 찾아내다

① 개의 다양한 역할
② 애완견의 역할
③ 개의 특성
④ 개의 종류

> **Tip** ≫ harmful 해로운 nest (곤충, 물고기 따위의)서식처 sharp (감각이)예민한 remove 제거하다, 없애다
>
> 글에서 애완동물로서의 개뿐만 아니라 다양한 임무를 갖는 개에 대해 이야기하고 있으므로 '개의 다양한 역할'이 제목으로 적절하다.
>
> 「모든 사람은 개가 훌륭한 애완동물이 된다고 알고 있다. 그러나 많은 개는 또한 다양한 임무를 가지고 있다. 예를 들어 어떤 개는 경찰에 의해 사용된다. 자주 이런 개는 곤경에 처한 사람을 돕거나 길을 잃은 사람을 찾아낸다. 또 다른 개는 공항에서 일한다. 그런 개는 사람들이 다른 나라로부터 들여와서는 안 되는 식물, 식품 등을 냄새로 찾아낸다. 개의 도움으로 이런 것들은 발각이 되고 국내로 절대 들어오지 못한다. 몇몇 다른 개는 사람이 해충으로부터 집을 안전하게 지키는 데 도움을 준다. 개가 예민한 코로 곤충의 서식처를 찾아내면, 사람들은 그 곤충과 곤충의 서식처를 제거할 수 있다.」

11 다음 글의 제목으로 옳은 것을 고르시오.

> Most dinosaurs were much larger than reptiles that we have today. In addition, the legs of most reptiles today are on the sides of their body. However, dinosaurs' legs were on the bottom of their body. In this way, they could stand up on their back legs. On top of that, today's reptiles use the environment to control their body temperature. On the other hand, dinosaurs controlled their own body temperature.
>
> ※ reptile : 파충류

① 공룡과 오늘날의 파충류의 차이점
② 공룡과 오늘날의 파충류의 유사점
③ 공룡의 종류
④ 공룡의 멸종

　　Tip ≫ 위의 글에서는 공룡과 오늘날의 파충류의 차이점에 대해서 설명하고 있다.
　　　　「대부분의 공룡은 오늘날의 파충류보다 훨씬 더 컸다. 또한 오늘날 대부분의 파충류의 다리는 몸통의 측면에 있다. 그러나 공룡의 다리는 몸의 아래쪽에 있었다. 그래서 그들은 뒷다리로 딛고 일어설 수 있었다. 게다가 오늘날의 파충류는 체온을 조절하기 위해 주변 환경을 이용한다. 반면에 공룡들은 스스로 체온을 조절했다.」

12 다음 글의 요지로 가장 적절한 것은?

> Kids must feel loved. Indeed, the lack of self-esteem in those who do not has been the subject of many studies. In terms of a child's experience, though, what does love mean? Child development expert Penelope Leach says that a child should feel that at least one person of importance thinks he or she is just wonderful. This makes a person value and love himself or herself. It makes the person capable of valuing and loving other people. And this, surely, is a vital source of happiness.

① 도덕성이 높은 아이가 자존감도 높다.
② 아이의 발달은 자신의 특성에 대한 인식에서 시작된다.
③ 아이가 행복하려면 중요한 사람에게 인정받아 생기는 자존감이 필요하다.
④ 아이는 다른 사람을 존중하는 마음을 자신의 부모에게서 가장 잘 배운다.

Tip ≫ self-esteem 자존감, 자부심   capable ～을 할 수 있는   vital 필수적인   source 원천

「아이들은 사랑을 느껴야 한다. 실제로, 그렇지 않은 사람에 대한 자존감의 부족은 많은 연구의 주제가 되어 왔다. 그렇지만 어린이의 경험이라는 면에서, 사랑은 무엇을 의미하는가? 아동 계발 전문가인 페넬로페 리치는 어린이는 적어도 한 명의 중요한 사람이 그 또는 그녀가 그저 훌륭하다고 생각한다는 것을 느껴야 한다고 말한다. 이렇게 되면 사람은 자기 자신을 소중하게 여기고 사랑하게 된다. 그것은 그 사람이 다른 사람들을 소중히 여기고 사랑할 수 있게 한다. 그리고 이것은, 확실히, 행복의 필수적인 원천이다.」

13 다음 글의 주제로 가장 적절한 것은?

No matter what we may have learned in books, it is the nature of life that we lose face before we find wisdom, fall to our knees before we look up to the heavens, and face our darkness before we see the light. Each of us wanders through the wilderness of experience to gather worldly wisdom. We succeed by failing, learn by our mistakes, and rise to great heights by a winding staircase.

① having access to wisdom through reading

② gaining wisdom through life's experiences

③ letting go of the past for a better future

④ making important decisions for your career

Tip》 winding staircase 나선형 계단 wander 헤매다 worldly 세속적인
① 독서를 통해 지혜에 접근하는 것
② 삶의 경험을 통해 지혜를 얻는 것
③ 더 나은 미래를 위해 과거를 버리는 것
④ 당신의 직장 생활을 위해 중요한 결정을 하는 것

「비록 우리가 책에서 배운다고 하더라도, 우리가 지혜를 찾기 전엔 체면을 잃고, 하늘을 올려다보기 전에 무릎을 꿇고, 그리고 빛을 보기 전에 어둠을 직면하는 것이 삶의 본질이다. 우리들 각각은 세속적인 지혜를 얻기 위해서 경험의 황무지 속을 헤맨다. 우리는 실패함으로써 성공하고, 실수로부터 배우고, 그리고 나선형 계단으로 엄청난 높이로 올라간다.」

Answer 》》   12.③ 13.②

14 다음 글의 주제로 옳은 것은?

It's a popular pastime to complain about our local and nation political leaders. Many of those complaining, however, have no one to blame but themselves because they have not exercised their right to be part of the political process ; they have not voted. In many national elections, fewer than half of Americans cast their ballots, and in local election, the numbers are much lower. Local election officials are generally pleased if 25% of those eligible to vote do so. What this low voter turnout means is that those who feel strongly or have something at stake in an election often determine the results.

① complaint about political leaders
② revision of the right to vote
③ responsibility for low voter turnouts
④ popular national pastime

Tip ⟫ turnout 투표율   ballot 투표용지
① 정치지도자들에 대한 불만
② 투표권에 대한 개정
③ 낮은 투표율에 대한 책임
④ 인기 있는 전국적 취미

「우리 지역 국가 정치인에 대해 비판하는 것은 인기 있는 오락이다. 그러나 이 불만들 중 다수는 그들 스스로를 제외하고 불평할 것이 아무것도 없다. 그들은 그들의 정치 과정의 일부인 권리를 행사하지 않았다. 즉, 그들은 투표하지 않았다. 국내의 많은 전국적 선거에서 미국인들의 반도 안 되는 수가 투표를 하고, 지방 선거에서 이 수는 더욱 낮다. 지방 선거의 관리들은 유권자의 25퍼센트만 투표를 한다면 보통 만족한다. 이 낮은 투표율이 의미하는 것은 어떤 선거에 문제의식을 강하게 느끼거나 무언가 문제의식을 가진 사람들이 종종 결과를 결정한다는 것을 의미한다.」

15 다음 글의 요지로 가장 적절한 것은?

It is not easy to stop smoking, but it is the smartest thing to do. If you stop smoking, your chance of getting lung cancer decreases within one year after you stop. After ten years, the chances are almost the same as for nonsmokers. It is possible to stop smoking. If you or a friend smokes, read the advice for stopping smoking. You can start leading a healthier and better life today if you make the decision to stop smoking now. Good luck!

① 담배를 끊는 것이 좋다.

② 흡연자는 예의를 갖추어야 한다.

③ 담배를 끊기는 매우 어렵다.

④ 허용된 구역에서만 흡연을 해야 한다.

> **Tip** 》 chance 기회, 가능성 lung cancer 폐암
> ① 필자가 말하려고 하는 것은 "담배를 끊는 것이 어렵다."는 것이 아니라, 어렵더라도 "담배를 끊는 것이 좋다."는 내용이다.
>
> 「담배를 끊는 것은 쉽지 않지만, 그렇게 하는 것이 가장 현명한 일이다. 만일 담배를 끊게 되면, 끊은 후 1년 안에 폐암에 걸릴 가능성이 감소된다. 10년이 지나면 그 가능성은 비흡연자와 거의 같아진다. 담배를 끊는 것은 가능한 일이다. 만일 당신이나 당신의 친구가 담배를 피운다면, 담배를 끊는 것에 대한 충고들을 읽어보아라. 지금 담배를 끊기로 결정을 내린다면, 당신은 오늘 당장 더 건강하고 더 나은 삶을 이끌어 나갈 수 있다. 행운이 있기를!」

02 문맥 속 어구파악

(1) 지시어 추론

주로 대명사(this, that, it …) 또는 (고유)명사가 구체적으로 가리키는 것을 찾는 문제로 글의 전체 내용을 종합적으로 파악하고 그 자리에 대상어를 대입했을 때 의미적으로 이상이 없는 것을 찾는다.

유형 문제 1

다음 글에서 밑줄 친 They가 뜻하는 것은?

> They sometimes work for large department stores and draw pictures of the stores' latest fashions. They must picture the dress on the model—in the mood and setting that will make it seem most attractive. They often work for advertising agencies, where they create striking pictures and tasteful designs. In this way, they will attract public attention and show the product to be advertised in a good light. Newspapers carry many examples of their art. Indeed, instances of it are all around us.

① store clerks

② art designers

③ fashion models

④ newspaper reporters

> **풀이** setting 배경, 환경 striking 인상적인, 현저한 tasteful 멋있는, 심미안이 있는 attract 관심을 끌다 indeed 사실, 과연, 참으로
> They는 백화점, 광고대행사 등에서 그들의 작품을 싣는다고 하였다.
> 「그들은 때때로 큰 백화점에서 일하면서 그 백화점의 최신 패션을 그린다. 그들은 드레스가 가장 매력적으로 보이는 분위기와 배경으로, 모델에게 입힐 드레스를 그려내어야 한다. 그들은 종종 광고대행사에서도 일하는데, 여기서 인상적인 그림과 세련된 디자인을 창출해낸다. 이런 방식으로, 그들은 대중의 관심을 유발할 것이고, 멋진 조명 아래에서 상품을 광고해 보여준다. 신문은 그들의 많은 작품을 싣는다. 사실, 그 실례는 우리 주위에 널려 있다.」

답 ②

---

(2) 어구의 의미 파악

어구의 이면적인 의미를 간파해내야 하는 문제로 전반적인 분위기를 파악하여 이중적 의미를 찾아내는 것이 중요하다. 다양한 의미로 쓰이는 어휘나 표현을 잘 익혀 두는 것이 좋다.

유형 문제 2

밑줄 친 Just let me listen to the clatter and chatter의 의미로 가장 적절한 것은?

> My friend Jerome told me about her first Christmas away from home. She timed a telephone call to the hour when she knew that three generations of her family would be together getting a variety of dishes ready for Christmas dinner. "Put down the phone," she said. "<u>Just let me listen to the clatter and chatter</u>." It seemed an odd thing to do, but Jerome had the right idea. When I spent a Christmas alone in Florida, I called home at a time when most of my family just happened to be on the kitchen. The background sounds of busyness were like Christmas music to my ears.

① 큰소리로 말해야겠다.

② 나도 곧 참석하겠다.

③ 분위기를 느끼고 싶다.

④ 여러 사람과 통화하고 싶다.

풀이 three generations 3대 put down 내려 놓다 busyness 바쁨, 분주함 clatter 떠들썩한 소리 chatter 재잘대는 소리, 수다
크리스마스에 혼자 있게 된 Jerome은 집에 전화를 해서 떠들썩함과 재잘거림을 듣고 싶어한다.

「나의 친구 제롬은 집에서 벗어나 그녀가 처음 맞은 크리스마스에 대해 나에게 이야기해 주었다. 그녀는 적절한 시간에 전화를 걸었으나 그녀의 3대 가족이 크리스마스 저녁식사를 위해 여러 가지 식기들을 함께 준비하고 있다는 것을 알게 되었다. "수화기를 내려놓으렴."그녀는 말했다. "떠들썩함과 재잘거림을 내가 들을 수 있도록." 뜻밖의 일이었지만 제롬은 좋은 생각을 해냈다. 내가 플로리다에서 홀로 크리스마스를 보냈을 때 난 우리 가족들이 막 부엌에서 일을 하려할 때에 맞춰 전화를 걸었다. 분주한 배경소리는 내 귓가에서 크리스마스 음악처럼 들렸다.」

답 ③

출제예상문제

1 다음 밑줄 친 부분이 가리키는 대상이 나머지와 다른 하나는?

Cyndi was an energetic and happy child. ①She was enthusiastic about life, enjoyed connecting with others, and was a considerably open person. However, when Cyndi was 11 years old, her mother died after a brief illness. Cyndi's struggle with depression began after ②her death. And Cyndi slowly disconnected from ③her childhood self. As an adult, when listening to upbeat music, ④she became aware that her core self was attempting to emerge and reconnect.

Tip》 enthusiastic 열렬한 attempt 시도하다
①③④는 Cyndi를, ②는 Cyndi의 어머니를 가리킨다.
「Cyndi는 활동적이고 행복한 아이었다. ①그녀는 삶에 열정적이었고, 다른 사람과 관계 맺는 것을 즐겼고, 생각하건데 개방적인 사람이었다. 그러나 Cyndi가 11살이었을 때, 그녀의 엄마가 잠시 병을 앓은 후 죽었다. ②그녀의 죽음 이후에 Cyndi의 우울함과의 투쟁이 시작되었다. 그리고 Cyndi는 천천히 그녀를 ③그녀의 어린 시절 자신으로부터 분리시켰다. 성인으로서, 그녀가 경쾌한 음악을 들었을 때, ④그녀는 그녀의 핵심 자아가 나타나 다시 연결하려고 시도했었던 것을 알게 되었다.」

2 다음 글에서 밑줄 친 'a snow job'의 의미로 가장 적절한 것은?

The salesman tried to convince a group of investors that the properties he was selling would soon be worth much more money than he was asking. However, no one bought anything from him because they felt he was giving them a snow job. No one was deceived by his insincerity and exaggerated claims about the worth of the properties.

① 수입한 사치품   ② 과장된 거짓말
③ 적절한 수익성   ④ 위협적인 강매

Tip 》 「그 외판원은 많은 투자자들에게 그가 팔고 있는 상품들이 곧 그가 요구하는 돈보다 더 많은 자산가치가 있게 될 것이라는 점을 확신시키려고 노력하였다. 하지만 그들은 그가 그들에게 과장된 거짓말을 하고 있다고 느꼈기 때문에 그에게서 아무 것도 사지 않았다. 아무도 그 상품들의 가치에 관한 그의 불성실과 과장된 주장에 의해 속지 않았다.」

3 다음 밑줄 친 부분과 의미가 가장 가까운 것은?

> Mary and I have been friends over 10 years but I sometimes have a strange feeling to her. She is <u>as deep as a well</u>.

① easy to persuade

② simple to satisfy

③ impatient to deal with

④ difficult to understand

Tip 》 strange 이상한, 낯선 well 우물 impatient 짜증난, 못 견디는
① 설득하기 쉬운
② 만족시키기 쉬운
③ 다루기가 짜증나는
④ 이해하기 어려운

「Mary와 나는 10년이 넘게 친구로 지내오고 있지만 나는 때때로 그녀에게서 낯선 느낌을 받는다. 그녀는 우물만큼 깊다(이해하기가 너무 어렵다).」

4 다음 글에서 'this(these)'가 공통으로 나타내는 것은?

> • <u>These</u> form a second nature.
> • <u>This</u> is difficult to give up, easy to begin again.
> • We first make <u>these</u>, and then these make us.
> • <u>This</u> is something a man hardly knows until it's too strong to break.

① practice(s)

② character(s)

③ habit(s)

④ law(s)

Answer 》 1.② 2.② 3.④ 4.③

Tip 》》 practice 연습 character 성격 habit 습관 law 법
「• 이것들은 제2의 천성을 형성한다.
• 이것을 포기하기는 어려우나 다시 시작하기는 쉽다.
• 처음에는 우리가 이것들을 만들고, 그 다음에는 이것들이 우리를 만든다.
• 이것은 중단하지 못할 정도로 강해져서야만 비로소 깨닫게 되는 것이다.」

5 다음 글에서 밑줄 친 'they've broken the ice'의 의미로 가장 적절한 것은?

It was the first day of the winter vacation camp. The four boys began to unpack their clothes and make their beds in silence. None of the boys knew each other, and no one knew what to say. Bob couldn't stand the silence any longer. "Hey, look!," he said. The other three boys turned, and Bob did a back flip in the middle of the room. Everyone laughed and clapped, and he bowed. Finally <u>they've broken the ice</u>.

① 잠자리에 들었다.   ② 얼음놀이를 했다.
③ 터놓는 사이가 되었다.   ④ 모임의 대표를 선출했다.

Tip 》》 unpack 풀다 stand 참다, 견디다 do a back flip 공중제비를 돌다 in the middle of ~의 중앙(한가운데)에, ~의 도중에 clap 손뼉을 치다 bow 허리를 굽히다, 머리를 숙이다, 인사하다, 절하다 break the ice 긴장을 풀다, 이야기를 시작하다

「겨울방학캠프의 첫날이었다. 네 소년은 그들의 옷가지를 풀기 시작했고 조용히 잠자리를 만들기 시작했다. 소년들 중의 누구도 서로 몰랐고 아무도 무엇을 말해야 할지 몰랐다. Bob은 침묵을 더 이상 참을 수가 없었다. "헤이, 보라귀!"라고 그가 말했다. 다른 세 소년이 돌아보았고, Bob은 방 가운데에서 뒤로 공중제비를 넘었다. 모두 웃으며 손뼉을 쳤고, 그는 인사를 했다. 마침내 그들은 이야기를 하기 시작했다.」

6 밑줄 친 'They(they)'가 가리키는 대상이 나머지 셋과 다른 것은?

Mike's family visited South Africa. ①<u>They</u> enjoyed many activities in the mountains. ②<u>They</u> saw lots of wild flowers. ③<u>They</u> were wonderful nature. And ④<u>They</u> hiked across beautiful deserts.

Tip 》》 「Mike씨 가족은 남아프리카 공화국을 방문했다. 그들은 산에서 많은 활동을 하며 즐겁게 보냈다. 그들은 수많은 야생초를 보았다. 그들은 경이로운 자연물이었다. 그리고 그들은 아름다운 사막을 가로질러 하이킹을 했다.」

7 다음 글의 밑줄 친 'this'가 가리키는 것은?

High school days are a time for making decisions about the future. One of the most important decisions high school students have to make is what to major in. For some students deciding on a college major is easy, but for most students <u>this</u> isn't easy.

① 취미를 살리는 일　　　　　　　② 대학을 선택하는 일
③ 직업을 선택하는 일　　　　　　④ 전공과목을 결정하는 일

　　Tip 》 decision 결정　decide 결정하다　major 전공

「고등학교는 미래에 대해 결정하는 시간이다. 고등학생들이 결정해야 할 중요한 결정 중의 하나는 전공 선택이다. 몇몇의 학생들은 대학전공을 쉽게 결정하지만 많은 학생들은 이것을 쉽게 결정하지 못한다.」

8 다음 글에서 밑줄 친 'They'가 뜻하는 것은?

<u>They</u> sometimes work for large department stores and draw pictures of the store's latest fashions. They must picture the dress on the model — in the mood and setting that will make it seem most attractive. They often work for advertising agencies, where they create striking pictures and tasteful designs. In this way, they will attract public attention and show the product to be advertised in a good light. Newspapers carry many examples of their art. Indeed, instances of it are all around us.

① store clerks　　　　　　　　　② art designers
③ fashion models　　　　　　　　④ newspaper reporters

　　Tip 》 setting 배경, 환경　striking 인상적인, 현저한　tasteful 멋있는, 심미안이 있는　attract 관심을 끌다　indeed 사실, 과연, 참으로

「그들은 때때로 큰 백화점에서 일하면서 그 백화점의 최신 패션을 그린다. 그들은 드레스가 가장 매력적으로 보이는 분위기와 배경으로, 모델에게 입힐 드레스를 그려내어야 한다. 그들은 종종 광고대행사에서도 일하는데, 여기서 인상적인 그림과 세련된 디자인을 창출해낸다. 이런 방식으로, 그들은 대중의 관심을 유발할 것이고, 멋진 조명 아래에서 상품을 광고해 보여준다. 신문은 그들의 많은 작품을 싣는다. 사실, 그 실례는 우리 주위에 널려 있다.」

9 다음 글에서 밑줄 친 'these'가 뜻하는 것은?

Most of these were made by water that wore away soft rock. The water above the ground sank down into the soft rock. The water sank until it reached harder rock and then flowed slowly without going any deeper. Slowly, very slowly — for millions of years — the water wore away the soft rock and carried it along, making a small, tunnel-like opening. As more and more soft rock was worn away, the opening grew wider and deeper. Now more and more water could flow into it. In time many of these openings became these.

① 화석   ② 호수
③ 바다   ④ 동굴

Tip ≫ wear away 마멸시키다, 닳아빠지게 하다   sink 가라앉다   opening 틈, 구멍   in time 제 시간에, 늦지 않고, 이윽고, 조만간

「이것들의 대부분은 단단하지 않은 바위를 마멸시키는 물에 의해 만들어졌다. 땅 위에 있는 물이 단단하지 않은 바위 속으로 가라앉았다. 그 물은 더 단단한 바위에 도달할 때까지 가라앉았고, 그러고 나서 더 이상 깊이 내려가지 않고 천천히 흘렀다. 천천히, 아주 천천히 – 수백만 년 동안 – 그 물은 단단하지 않은 바위를 마멸시키면서 그것을 실어 날랐고 작고 터널 같은 구멍을 만들었다. 점점 더 많이 단단하지 않은 바위가 마멸됨에 따라 그 구멍은 더 넓고 더 깊어졌다. 이제 점점 더 많은 물이 그 속으로 흐를 수 있었다. 이윽고 이 많은 구멍들이 이것들이 되었다.」

10 다음의 ⓐ와 ⓑ가 의미하는 것을 바르게 연결한 것은?

In the United States, about 10 million computers are thrown away every year! Because most unwanted computers are sent to a dump, they have caused a problem. The computer industry and the government are working on ways to solve ⓐit. They have concluded that there must be changes in the way computers are built. They must be made in ways that will allow their parts to be recycled. ⓑThese include the electronic parts, and the glass screen of the monitor, and pieces of the printer.

	ⓐ	ⓑ
①	problem	computers
②	computer	computers
③	problem	computer parts
④	computer	computer parts

11 다음 글에서 밑줄 친 부분이 의미하는 것으로 가장 알맞은 것은?

A writer explained in her novel that a woman falls in love with a man because she sees in him 'a giant ear.' She went on to remark that although people may think they are falling in love because of a good feature or some other force, really what we are looking for is someone to be able to hear us.

① 큰 귀
② 거인의 귀
③ 남의 말을 잘 듣고 이해하는 것
④ 잘 듣고 말하는 것

12 밑줄 친 something new가 뜻하는 의미로 가장 적절한 것은?

When instant coffee began to be sold, it didn't attract people's attention. People said they wouldn't buy instant because they didn't like the taste. Yet, when they were given a cup of each while blindfolded, few of them could tell the difference between instant and regular ground coffee. It meant that the problem was not the taste. The problem was that people regarded a woman serving instant coffee as a lazy woman. When they discovered this, coffee manufacturers tried <u>something new</u>. they created ads in which affectionate wives served instant coffee. Needless to say, sales rose suddenly.

① 품질 향상　　　　　　　　　② 가격 인하
③ 생산량 증대　　　　　　　　④ 이미지 개선

13 밑줄 친 they[them]가 가리키는 대상이 나머지 셋과 다른 것은?

Rain dances were ceremonial dances performed by native Americans during dry summer days and times of drought. ①<u>They</u> were used to invoke rain and to protect the harvest. They varied within different tribes but were performed in all cases by both men and women. Specifically, some tribes practiced ②<u>them</u> to cleanse evil spirits from the earth. Rain dances were primarily performed by both men and women in zigzag patterns. The Pacific Northwest tribes used drums when performing ③<u>them</u> providing a symbol of unity. While dancing, the tribes beat ④<u>them</u> which were decorated with various animal paintings and images representative of natural forces.

Tip ≫ ceremonial 의식의 perform 이행하다, 수행하다 during ~동안 drought 가뭄 be used to 동사원형 ~하기 위해 이용되다 invoke 기원하다 protect 보호하다 harvest 수확, 추수 vary 다양하다 tribe 부족 in all cases 모든 경우에 specifically 특히 cleanse 깨끗이 하다 evil spirit 악령 earth 대지, 땅 primarily 주로 provide 제공하다 symbol 상징 unity 통일, 단합 beat ~을 치다, 두드리다 decorate 장식하다 various 다양한 representative 대표적인, 표시하는
①②③은 rain dances를, ④는 drums를 가리킨다.

「기우제 춤은 건조한 여름날과 가뭄의 시기에 미국 인디언들에 의해서 행해진 의식 춤이었다. <u>그것</u>(rain dances)은 비를 기원하고 수확을 보호하기 위해서 사용되었다. 그것(rain dances)은 부족들마다 다양했지만 모든 경우에 남자들과 여자들에 의해 행해졌다. 특히, 어떤 부족들은 대지에서 악령들을 씻어내기 위해 <u>그것</u>(rain dances)을 행했다. 기우제 춤은 주로 남녀가 함께 지그재그 모양으로 행해졌다. Pacific Northwest의 부족들은 단합을 상징하는 <u>그것</u>(rain dances)을 출 때 북을 사용하였다. 춤을 추는 동안 부족들은 자연의 힘을 상징하는 다양한 동물 그림이나 이미지들로 장식된 <u>그것</u>(drums)을 쳤다.」

14 다음 글에서 밑줄 친 'the search'가 뜻하는 것은?

Just as I was leaving my friend's office, it struck me that I had no idea where I had parked my car. I could not go up to a policeman and tell him that I had lost a small green car somewhere! I would have to look for it myself. Walking down street after street, I examined each car closely and saw a small green car just by wall. But how disappointed I was to discover that though the car was exactly like my own, it belonged to someone else! Feeling tired now, I gave up <u>the search</u> and went off for lunch.

① 주차장을 찾는 것   ② 식당을 찾는 것
③ 사무실을 찾는 것   ④ 자동차를 찾는 것

Tip ≫ strike ~을 치다, 때리다, (생각 등이) 떠오르다, 갑자기 생각나다 park 주차하다 go up to ~에 다가가다, ~쪽으로 가다 look for ~을 찾다(= search for) examine ~을 검사하다, 조사하다 give up ~을 포기하다, 그만두다

「친구의 사무실을 막 나왔을 때, 나는 내가 차를 어디에 주차시켜 놓았는지 모른다는 것을 불현듯 깨달았다. 나는 경찰에게 가서 내가 어디에선가 작은 녹색 자동차를 잃어버렸다고 말할 수는 없었다. 나는 스스로 차를 찾아보아야 했다. 거리마다 걸어가면서 모든 차를 면밀히 조사한 끝에 담장 바로 옆에서 작은 녹색 자동차를 발견했다. 그러나 그 차가 내 차와 꼭 같이 생겼지만 누군가 다른 사람의 차라는 것을 알고 얼마나 실망했던가! 이제 지쳤기 때문에 나는 찾기를 포기하고 점심을 먹으러 갔다.」

Answer ≫ 12.④ 13.④ 14.④

15 다음 밑줄 친 'Flash'의 의미와 가장 가까운 것은?

News Flash :
Flood claims the lives of 100 plus in a small village just east of Rome, Italy. Local authorities are still unable to determine the extent of the damages but property damages are expected to run in the millions.

① a sudden burst of light
② to look at someone suddenly or smile at them
③ to look expensive and fashionable
④ to send information quickly

> **Tip》** flash 섬광, (감정 등의) 폭발, (신문·방송)속보, 특보 news flash (TV·라디오의) 뉴스속보 claim (목숨을) 빼앗다, 요구하다, 주장하다 authority 권위, 당국(authorities) determine 측정하다, 결정하다, 예정하다 extent 정도, 범위, 한계, 한도 property 재산, 자산, 소유(권) run in ~에 육박하다, (수량·액수 등이) ~에 달하다 burst 파열, 폭발 fashionable 최신유행의, 유행하는, 현대풍의
> ① 빛의 갑작스런 폭발
> ② 어떤 사람을 갑자기 쳐다보거나 사람들을 보고 웃는 것
> ③ 비싸고 최신유행처럼 보이는 것
> ④ 정보를 신속하게 내보내는 것
>
> 「뉴스속보 :
> 이탈리아 로마 바로 동쪽의 작은 마을에서 홍수가 발생해 100명 이상의 생명을 앗아갔습니다. 지역당국은 지금까지도 피해정도를 측정하지 못하고 있으나, 재산피해는 수백만에 달할 것으로 예상됩니다.」

Answer 》 15.④

문맥의 이해 03

(1) 내용일치 여부의 판단

이 유형은 글의 세부적인 내용파악을 주로 요구하는 문제로 주어지는 글보다 질문과 보기의 내용을 먼저 본 후에 질문에 해당하는 부분을 집중적으로 살펴야 한다. 이때 중요한 것은 반드시 주어지는 글에 담긴 사실적인 내용을 근거로 판단해야 한다는 것이다.

유형 문제 1

다음 글의 내용과 일치하는 것은?

> Most people are afraid of sharks, but they usually do not know very much about them. For example, there are 350 kinds of sharks, and all of them are meat eaters. Sharks are 100 million years old. In fact, they lived at the same time as dinosaurs. Today, sharks live in every ocean in the world. They keep the oceans clean because they eat sick fish and animals. Sharks do not have ears. However, they 'hear' sounds and movements in the water. Sharks use their large eyes to find food, too. Most sharks see best in low light. They often hunt for food at dawn, in the evening, or in the middle of the night.

① 한낮에만 사냥을 한다.
② 모두가 육식동물인 것은 아니다.
③ 공룡과 같은 시대에 살았다.
④ 병든 고기는 잡아먹지 않는다.

풀이 ① 종종 새벽에, 저녁에, 또는 한밤중에 먹이를 사냥한다.
　　　② 상어들은 모두 육식을 한다.
　　　④ 상어들은 병든 물고기와 동물들을 잡아먹는다.

「대부분의 사람들은 상어를 두려워하지만, 대개 상어에 대해 잘 알지 못한다. 예를 들어 350가지 종류의 상어들이 있으며 모두 육식을 한다. 상어가 출현한 지는 1억 년 정도 되었다. 사실 상어는 공룡과 동시대에 살았다. 오늘날 상어는 세계의 모든 바다에 산다. 그들은 병든 물고기와 동물들을 잡아먹기 때문에 바다를 깨끗하게 유지시킨다. 상어는 귀가 없다. 그러나 물속의 소리와 움직임을 '감지'한다. 또한 상어는 먹이를 찾기 위해 커다란 눈을 사용한다. 대부분의 상어들은 흐릿한 빛 속에서 가장 잘 본다. 그들은 종종 새벽에, 저녁에, 또는 한밤중에 먹이를 사냥한다.」

답 ③

(2) 무관한 문장 고르기

이 유형은 글의 전체적인 일관성과 통일성을 해치는 문장을 골라내는 문제로 주제와 그 주제를 뒷받침하지 않고 주제를 벗어나거나 서술방향이 다른 문장을 찾아야 한다. 이때 무관한 문장은 그 문장 없이도 글의 흐름이 자연스럽게 연결될 수 있다.

·· **유형 문제** 2

다음 글에서 전체 흐름과 관계없는 문장은?

Elephants are the giants of the animal kingdom. The most unusual thing about an elephant is its trunk. ⓐAn elephant uses it to smell, wash, eat, drink, talk, and hug. ⓑA newborn elephant weighs about 260 pounds and stands about three feet tall. ⓒHowever, elephant babies do not know how to use their trunks, just as human babies are not born with the ability to walk. ⓓIt is not easy for human babies to learn how to walk, and it takes a lot of practice. In the same way, baby elephants must also learn how to use their trunks.

① ⓐ   ② ⓑ
③ ⓒ   ④ ⓓ

　　풀이　이 글은 코끼리 코의 사용법에 관한 내용이다. 따라서 ⓑ는 어울리지 않는 문장이다.

「코끼리는 동물왕국의 거인이다. 코끼리의 가장 독특한 점은 그 코이다. 코끼리는 냄새를 맡고, 씻고, 먹고, 마시고 '말하고', 포옹을 하는 데 코를 사용한다. (갓 태어난 코끼리는 무게가 약 260파운드이며 키는 약 3피트이다.) 그러나 사람의 아기가 걷는 능력을 지니고 태어나지 않는 것처럼 아기 코끼리도 코를 사용하는 방법을 모른다. 사람의 아기가 걷는 방법을 배우는 것은 쉽지 않으며 많은 연습이 필요하다. 똑같은 방식으로 아기 코끼리도 역시 코를 사용하는 방법을 배워야 한다.」

─────────────────────────────────── **답** ②

(3) 문장의 순서 정하기

이 유형은 배열순서가 뒤바뀐 여러 문장들을 연결사와 지시어 등에 유의하여 문장과 문장 사이의 논리적 관계를 정확하게 파악하여 논리적으로 재배열하는 문제로 기준이 되는 문장이 제시되기도 한다.

───────────── **유형 문제** 3

다음 ㉠~㉣을 문맥에 맞게 배열한 것은?

㉠ Mark Twain began his career writing light, humorous verse, but evolved into a chronicler of the vanities and hypocrisies of mankind.

㉡ Though Twain earned a great deal of money from his writings and lectures, he lost a great deal through investments in ventures in his later life.

㉢ Samuel Langhorne Clemens, better known by his pen name Mark Twain had worked as a typesetter and a riverboat pilot on the Mississippi River before he became a writer.

㉣ At mid-career, with The Adventures of Huckleberry Finn, he combined rich humor, sturdy narrative and social criticism, popularizing a distinctive American literature built on American themes and language.

① ㉠-㉡-㉢-㉣
② ㉡-㉣-㉢-㉠
③ ㉠-㉣-㉡-㉢
④ ㉢-㉠-㉣-㉡

> 풀이 「㉢ 자신의 필명인 Mark Twain으로 더 잘 알려진 Samuel Langhorne Clemens는 작가가 되기 전에 식자공과 미시시피 강의 보트 파일럿으로 일했다.
> ㉠ Mark Twain은 가볍고, 유머러스한 운문을 쓰면서 경력을 시작했지만, 인간의 허영과 위선의 기록자로 진화했다.
> ㉣ 허클베리 핀의 모험을 썼던 중반기에는, 그는 풍부한 유머와 견고한 이야기와 사회적인 비판을 혼합하여 미국의 테마와 언어를 바탕으로 한 독특한 미국 문학을 대중화시켰다.
> ㉡ Twain은 그의 글과 강연으로 많은 돈을 벌었지만, 노후에 벤처 사업에 투자를 해서 많은 돈을 잃었다.」

─────────────────────────── **답** ④

(4) 전후관계 추론

이 유형은 단락 간 전개방식을 묻는 문제로 글의 논리적인 연관성에 따라서 주어지는 단락의 내용을 정확하게 파악하여 앞 단락 또는 뒤 단락의 내용을 추론해야 한다.

유형 문제 4

다음 글의 뒤에 이어질 내용으로 가장 적절한 것은?

> Insomnia can be a symptom of physical disorders, although for most of us it's the result of tension, stress and anxiety — and of course the more anxious we get about our insomnia, the worse it gets. If your doctor pronounces you a "healthy" insomniac, he or she might suggest some of the techniques provided below. We recommend you to try all these methods first, and use drugs only as a last resort. The decision, of course, is yours.

① symptoms of insomnia

② main causes of insomnia

③ a list of drugs to cure insomnia

④ helpful methods to get to sleep

> **풀이** Insomnia 불면증 symptom 증상, 징후 anxiety 불안, 염려
> 잠들 수 있는 방법들을 제시하고 약은 최후의 수단으로 쓸 것을 권고했으므로 잠들 수 있는데 유용한 방법들이 이어져야 자연스럽다.
> 「대부분 우리에게 불면증은 긴장이나 스트레스, 근심, 또한 잠을 자지 못해 점점 더 근심이 늘게 되고 불면증은 더 악화되는, 이러한 결과로 생기게 되지만 불면증은 신체적 장애의 증상이 될 수 있다. 만일 의사가 당신을 건강한 불면증 환자라고 말한다면, 그 의사는 아래와 같은 몇 가지 방법들을 제시할 것이다. 우리는 당신이 먼저 이러한 방법들을 모두 시도해 본 후에 최후의 수단으로써 약을 복용하라고 권고한다. 물론 결정은 당신의 몫이다.」

답 ④

1 다음 글의 내용과 일치하지 않는 것은?

> Langston Hughes was born in Joplin, Missouri, and graduated from Lincoln University, in which many African-American students have pursued their academic disciplines. At the age of eighteen, Hughes published one of his most well-known poems, "Negro Speaks of Rivers." Creative and experimental, Hughes incorporated authentic dialect in his work, adapted traditional poetic forms to embrace the cadences and moods of blues and jazz, and created characters and themes that reflected elements of lower-class black culture. With his ability to fuse serious content with humorous style, Hughes attacked racial prejudice in a way that was natural and witty.

① Hughes는 많은 미국 흑인들이 다녔던 대학교를 졸업하였다.
② Hughes는 실제 사투리를 그의 작품에 반영하였다.
③ Hughes는 하층 계급 흑인들의 문화적 요소를 반영한 인물을 만들었다.
④ Hughes는 인종편견을 엄숙한 문체로 공격하였다.

Tip 》 pursue 추구하다 academic discipline 학과 experimental 실험적인 incorporate 포함시키다 authentic 진짜의 dialect 방언 adapt 각색하다, 조정하다 poetic 시적인 embrace 포용하다 cadence 억양 fuse 융합하다 racial 인종적인 prejudice 편견

「Langston Hughes는 Missouri주, Joplin에서 태어났고, 많은 아프리카계 미국 학생들이 학업을 추구하는 링컨 대학을 졸업하였다. 18살의 나이에, Hughes는 그의 가장 잘 알려진 시집 중 하나인, "Negro Speaks of Rivers(흑인, 강에 대해 말하다)."를 출간했다. 창의적이고 실험적인 Hughes는 그의 작품에 진짜 방언을 포함시켰으며 블루스와 재즈의 억양과 분위기를 포용하기 위해 전통적인 시적 형태를 각색하였고 하층민의 흑인들의 문화 요소를 반영하는 등장인물과 주제를 만들어 내었다. 유머러스한 스타일과 진지한 내용을 융합할 수 있는 그의 능력으로, Hughes는 자연스럽고 재치 있게 인종 편견을 공격하였다.」

Answer 》 1.④

2 전체 흐름과 관계가 없는 문장은?

Why has yellow dust become worse than in the past? There are several reasons. ⓐ First, the rapid desertification of huge areas in China and Mongolia is a cause of worsening yellow dust. ⓑ As people cut down lots of trees to raise crops and animals, green spaces decrease. ⓒ For example, minerals in yellow dust help drive away the red tide. ⓓ Rapid development in Chinese industries is another reason. As a result, air pollution has become more serious, and yellow dust picks up harmful heavy metals from the pollution.

① ⓐ   ② ⓑ

③ ⓒ   ④ ⓓ

Tip 》 전체적으로 황사가 심해지고 있는 이유에 대한 글이므로, 황사에 함유된 광물이 적조를 몰아내는 데에 도움이 된다는 내용의 ⓒ는 글의 전체적인 흐름과 관계가 없다.

「황사는 왜 과거보다 더 심해지고 있는가? 여러 이유가 있다. 첫째로, 중국에서의 거대한 지역의 빠른 사막화와 몽골이 황사를 악화시키는 원인이다. 사람들이 작물을 재배하고 동물을 키우려고 많은 나무를 베기 때문에 녹지 공간이 줄어든다. (예를 들어, 황사에 함유된 광물은 적조(赤潮)를 몰아내는 데에 도움이 된다.) 중국 산업의 빠른 발전이 또 다른 이유이다. 결과적으로 대기 오염은 좀 더 심각해져 왔고 황사는 오염으로부터 해로운 중금속을 입수한다.」

3 글의 흐름상 순서대로 바르게 배열한 것을 고르면?

(a) It will wake up your body in ways that a cold shower or a good breakfast simply can't accomplish.

(b) However, exercising in the morning can increase your energy for the day.

(c) And many people exercise in the evening because evening exercise seems more convenient. But research shows that people who exercise later in the day have more difficulty sleeping.

(d) Other research also shows starting the day actively with morning exercise is the key to losing weight.

(e) You might think it doesn't matter whether you exercise in the morning, afternoon or evening.

---

① (e) − (d) − (c) − (a) − (b)

② (e) − (d) − (c) − (b) − (a)

③ (e) − (c) − (b) − (a) − (d)

④ (e) − (c) − (d) − (a) − (b)

> **Tip》** matter 중요하다 convenient 편리한 have difficulty ~ing ~하는 데 어려움을 겪다 accomplish 달성하다
>
> 「(e) 당신은 운동을 아침에 하든, 점심 아니면 저녁에 하든 문제 될 것이 없다고 생각할지 모른다.
> (c) 그리고 많은 사람들은 저녁에 운동을 하는 것이 더 편한 것처럼 보이기 때문에 저녁에 운동을 한다. 그러나 하루 중 늦게 운동을 하는 사람들은 잠을 자는 데 더 어려움을 겪는다는 것을 연구 결과는 보여준다.
> (b) 그러나 아침에 운동을 하는 것은 하루에 필요한 에너지를 증가시켜 줄 수 있다.
> (a) 그것은 시원한 샤워나 좋은 아침 식사로는 결코 이루어질 수 없는 방식으로 우리의 몸을 깨어나게 해 줄 것이다.
> (d) 또한 아침에 운동을 함으로써 하루를 활기차게 시작하는 것이 살을 빼는 비결이라는 것을 보여주는 연구 결과도 있다.」

Answer 》》 2.③ 3.③

4 다음 글에 나타난 비둘기의 역할은?

> Mr. James Scott has a garage in Silbury and now he has just bought another garage in Pinhurst. Pinhurst is five miles from Silbury. But Mr. Scott cannot get a telephone for his new garage. So he has just bought twelve pigeons. Yesterday a pigeon carried the first message from Pinhurst to Silbury. The bird covered the distance in three minutes. In this way, he has begun his own private telephone service.

① 평화의 상징   ② 애완용

③ 통신수단   ④ 교통수단

> **Tip 》》** garage 자동차 수리소   pigeon 비둘기   cover (어느 거리를) 가다   distance 거리
>
> 「제임스 스캇씨는 Silbury에 자동차 수리소를 가지고 있고 이제 막 Pinhurst에 다른 수리소를 하나 더 샀다. Pinhurst는 Silbury에서 5마일 떨어져 있었다. 그러나 스캇씨는 그의 새 수리소를 위한 전화를 가질 수 없었다. 그래서 그는 비둘기 12마리를 샀다. 어제 비둘기 한 마리가 Pinhurst에서 Silbury로 첫 번째 소식을 가져왔다. 그 새를 그 거리를 3분 만에 왔다. 이런 방법으로 그는 그 자신의 사적인 전화서비스를 시작했다.」

5 다음 글의 바로 앞에 올 내용으로 알맞은 것은?

> Another reason why young people prefer city life is to have more free time. A farmer's work is never done, but a job in the city is over at quitting time. The rest of the time is free time.
>
>   * quitting time : 일이 끝나는 시간

① 젊은이들이 자유를 만끽하려는 이유

② 젊은이들이 도시 생활을 선호하는 이유

③ 젊은이들이 시골 생활을 선호하는 이유

④ 젊은이들이 직업을 구하기 어려운 이유

> **Tip 》》** prefer ~을 좋아하다, ~을 택하다
>
> 「젊은이들이 도시 생활을 선호하는 또 다른 이유는 자유 시간을 더 가질 수 있기 때문이다. 농부의 일은 절대 끝나지 않지만, 도시의 직업은 일이 끝나는 시간에 끝난다. 남는 시간은 자유시간이다.」

6 주어진 문장에 이어질 글의 순서가 가장 적합한 것은?

The foods we eat lead to our well-being. However, if we eat too much, the extra food turns to fat and is stored in our bodies. If we overeat regularly, we may become obese.

(a) Therefore, it is essential to control the amount of food we eat for our well-being.
(b) It has many serious long-term influences on our health, and it is the second leading cause of death in the United States.
(c) More than half of Americans are overweight including at least 1 in 5 children.
(d) Obesity refers to having too much fat in our body.

① (d) — (b) — (a) — (c)
② (d) — (b) — (c) — (a)
③ (b) — (a) — (c) — (d)
④ (b) — (c) — (a) — (d)

> **Tip** 》 obesity 비만 overweight 과체중 regularly 정기적으로
> 「우리가 먹는 음식은 우리에게 건강한 삶을 가져다준다. 그러나 만약 우리가 너무 많이 먹는다면, 필요 이상의 음식은 지방으로 변하여 우리의 몸에 저장된다. 만약 우리가 정기적으로 과식한다면, 비만이 될지도 모른다.
> (d) 비만이란 우리 몸에 다량의 지방을 가지고 있는 것을 말한다.
> (b) 그것은 우리의 건강에 심각하고 장기적인 영향을 많이 주며, 미국에서는 두 번째로 많은 사망의 원인이기도 하다.
> (c) 최소한 다섯 명 중에 한 명의 아동을 포함하여, 미국인들의 절반 이상이 과체중이다.
> (a) 따라서 건강한 삶을 위해 먹는 음식의 양을 조절하는 것은 필수적이다.」

Answer 》》 4.③ 5.② 6.②

7 다음 주어진 문장에 이어질 글의 순서로 가장 알맞은 것은?

Most people think their conscious minds control everything they do. They generally believe the conscious mind constantly directs their actions. These beliefs are false.

(a) Do you consciously control the movements of your legs and feet?
(b) Most of the time, walking is done without conscious thoughts or intentions.
(c) Does your conscious mind have to say, "Now pick up the left foot, swing it forward, hold it high enough so it doesn't touch the ground, set down the heel, roll forward, shift weight off the back foot," and so on? Of course not.
(d) Consider walking, for example, which is something that most people do over and over all day long.

① (b) — (a) — (d) — (c)
② (b) — (a) — (c) — (d)
③ (d) — (c) — (b) — (a)
④ (d) — (a) — (c) — (b)

Tip » conscious 의식적인 constantly 끊임없이 shift 이동시키다 intention 의도

「대부분의 사람들은 의식적인 생각이 자신들이 하는 모든 것을 통제한다고 생각한다. 그 사람들은 일반적으로 의식적인 생각이 행동을 끊임없이 지시한다고 믿는다. 이러한 믿음은 잘못된 것이다.
(d) 예를 들어, 대부분의 사람들이 하루 종일 반복적으로 하는 걷기를 생각해보라.
(a) 다리와 발의 움직임을 의식적으로 통제하는가?
(c) 의식적인 생각이 "자, 왼쪽 발을 들어 올려 앞으로 내밀고 땅에 닿지 않을 만큼 높이 들어서 뒤꿈치를 내려놓은 다음 앞으로 구르듯이 나아가고 뒷발로부터 무게를 이동시켜라" 등의 말을 해야 하는가? 물론 그렇지 않다.
(b) 대부분의 시간 동안 걷기는 의식적인 생각이나 의도 없이 행해진다.」

8 다음 글에서 전체 흐름과 관계없는 문장은?

The Thames provided the people with plenty of fish. ⓐ For centuries they believed that salmon from the Thames were the best in Europe. ⓑ During the 19th century, however, more and more factories were built all over the city and a lot of waste was poured into the river. ⓒ The New London Bridge over the Thames was made of concrete and was opened in 1973. ⓓ The Thames was so polluted that few fish survived in the river. It had almost become a dead river until a cleanup campaign started in the 1960s.

① ⓐ   ② ⓑ
③ ⓒ   ④ ⓓ

> **Tip》** salmon 연어 pour 쏟아 붓다 pollute 더럽히다, 오염시키다 survive 살아남다, 보다 오래 살다 cleanup 정화, 청소 campaign (정치적·사회적) 운동, 군사행동
>
> 「Thames강은 사람들에게 풍부한 물고기를 제공해 주었다. 수세기 동안 그들은 Thames강에서 잡은 연어가 유럽에서 최고라고 믿었다. 그러나 19세기 동안 더욱 더 많은 공장들이 도시 곳곳에 세워지고 많은 폐수가 강으로 쏟아졌다. (Thames강 위에 놓은 New London 다리는 콘크리트로 만들어졌으며 1973년에 개통되었다) Thames강은 너무 오염되어서 물고기가 거의 그 강에서 살아남지 못했다. Thames강은 1960년대에 정화운동이 시작될 때까지는 거의 죽은 강이 됐었다.」

Answer 》》 7.④ 8.③

9 다음 중 빈칸에 알맞은 것은?

One way of telling whether or not a substance is an acid is to use an indicator. An indicator is an object that turns a certain color in an acid. Litmus paper is an indicator that turns from blue to red in an acid.

No one should ever taste unknown solutions to find out whether or not _____. Some acids burn the tongue. Other acids are poisonous. Certain acids burn and wound their skin.

① they are acids
② lemon juice has a sour taste
③ inorganic acids contain carbon
④ sugars break down into acids

Tip 》 substance 물질, 재료 acid 산 indicator 지시약, 지시자 solution 용액, 용해 poisonous 유독한

「어떤 물질이 산성인지 아닌지 알아볼 수 있는 한 가지 방법은 지시약을 사용하는 것이다. 지시약은 산에서 특정 색상으로 변하는 물질이다. 리트머스지는 산에서는 파란색에서 빨간색으로 변하는 지시약이다. 모르는 용액이 (산인지) 판별하기 위해 맛을 봐서는 안 된다. 몇몇 산에 혀가 타기도 한다. 다른 산들은 유독하다. 어떤 산은 피부를 태우고 상처를 입힌다.」

10 다음 글의 바로 앞에 올 내용으로 알맞은 것은?

Today all things have changed. On many farms machines now furnish most of the power. The modern farmer is an enterprising businessman who keeps only the livestock that can pay its way. The farmer's children go to school by bus and the farmer's wife works mostly in the house. Their work has been replaced by machines.

① 동물을 이용한 농사
② 기계파괴운동
③ 과거의 교통수단
④ 자녀 교육의 중요성

Tip 》 furnish 제공하다 pay one's way 수지가 맞다 livestock 가축

「오늘날 모든 것은 변해버렸다. 많은 농장에서 이제 기계들이 동력의 대부분을 공급한다. 현대의 농부는 수지를 맞출 수 있는 가축만 키우는 사업가이다. 농부의 아이들은 버스로 학교에 가고 농부의 아내는 주로 집에서 일한다. 그들의 일은 기계가 대신하고 있다.」

11 다음 글의 흐름상 올바른 순서는?

Free trade makes possible higher standards of living all over the globe.

(A) Free trade also make the world economy more efficient, by allowing nations to capitalize on their strength.

(B) The case for free trade rests largely on this principle : as long as trade is voluntary, both partners benefit.

(C) The buyer of a shirt, for example, values the shirt more than the money spent, while the seller values the money more.

① (A) — (C) — (B)　　　　　　　② (B) — (A) — (C)

③ (B) — (C) — (A)　　　　　　　④ (C) — (A) — (B)

Tip》 free trade 자유무역 capitalize 자본화하다 rest on ~에 의지하다

「자유무역으로 전 세계의 생활수준이 더 높이 향상될 수 있다.
(A) 자유무역은 또한 국가가 자신들의 힘을 이용할 수 있기 때문에 세계경제를 더욱 효과적이게 한다.
(C) 셔츠 하나를 예로 들어보면, 구매하는 쪽은 쓰인 돈보다 더 그 셔츠가 중요한 것이며 반면 판매하는 쪽은 그보다 돈이 더 중요한 것이다.
(B) 자유무역을 하는 경우에는 다음 원칙에 주로 의존한다. 즉, 무역이 자발적으로 이루어지는 동안 양쪽 상대국이 이익을 얻는다는 것이다.」

Answer 》　　9.① 10.① 11.①

12 다음 글에서 전체 흐름과 관계없는 문장은?

> For early people, body rhythm came first. ⓐDancing was a necessary and important part of life. ⓑEarly people danced to make their crops grow, to make the rains fall or to make the sun shine. ⓒThey danced in special, secret places, sometimes around a symbolic tree. ⓓ Dancing was one of the first ways for children to express their own feelings. In many parts of Europe, you can still see people dancing around a symbolic tree which is decorated with flowers and ribbons.

① ⓐ   ② ⓑ

③ ⓒ   ④ ⓓ

Tip 》 crop 곡식　symbolic 상징적인　express one's feeling 감정을 나타내다(표현하다)　decorate 장식하다

「초기 사람들에게는 신체의 율동이 우선이었다. 춤은 삶에 필요하고 중요한 일부분이었다. 초기 사람들은 곡식을 자라게 하고 비를 내리게 하고 태양을 비추게 하기 위하여 춤을 추었다. 그들은 특별하고 비밀스러운 장소, 때로는 상징적인 나무 주위에서 춤을 추었다. (춤은 아이들이 그들 자신의 감정을 표현하는 최초의 방법 중의 하나였다) 유럽의 많은 지역에서 아직도 사람들이 꽃과 리본으로 장식된 상징적인 나무 주위에서 춤추는 것을 볼 수 있다.」

13 다음 글에서 빈칸에 알맞은 것을 고르면?

> Fairs played a significant role in developing trade in medieval Europe, but as more regular channels of marketing were standardized, people flocked to fairs less to engage in trade. Eventually, most people attended fairs mainly _____.

① for entertainment

② to purchase inexpensive merchandise

③ in order to find wives or husbands

④ in order to bring lawsuits to court

Tip ≫ significant 중요한 medieval 중세의

② 값싼 제품을 찾기 위하여

③ 아내와 남편을 찾기 위하여

④ 법정에 소송을 제기하기 위하여

「시장은 중세 유럽의 무역을 발달시키는데 있어서 중요한 역할을 담당하였다. 하지만 보다 더 규칙적인 시장거래의 경로가 표준화됨에 따라 사람들은 거래를 하기 보다는 곡예사, 줄타기 광대, 마술사, 동물들의 공연에서 즐거움을 얻기 위하여 시장으로 모여들었다. 결국 대부분의 사람들은 시장의 기능이 바뀌어 주로 오락을 즐기기 위해 시장에 갔다.」

14 다음 글의 내용과 일치하지 않은 것은?

On November 22, 1963, President Jone F. Kennedy was fatally shot in the head. A man by the name of Lee Harvey Oswald shot the President as he rode in the Presidential limousine. Mystery still surrounds Kennedy's death. Was Oswald acting alone when he shot the President or was he working with other people? Exactly how many shots were fired? Also, the reason why the President was murdered is still unknown. Regardless the murder of Kennedy shocked the nation and can be seen as another violent act in one of the most chaotic decades in America's history.

① The 1960s was a chaotic decades for America.

② Kennedy was shot in the head.

③ Kennedy was shot while giving a speech.

④ Kennedy's death is still wrapped in mystery.

Tip ≫ fatally 치명적으로 surround 둘러싸다 chaotic 혼돈의 decade 십년간

「1963년 11월 22일 존 F. 케네디 대통령이 머리에 치명적인 총상을 입었다. 리 하비 오스왈드라는 이름의 한 남자가 대통령 전용 리무진에 대통령이 타고 있을 때 그를 쏘았다. 케네디의 죽음은 여전히 미스터리에 둘러싸여 있다. 대통령을 쏘았을 때 오스왈드는 혼자서 행동했는가 아니면 다른 사람들과 함께 행동했는가? 정확히 몇 발이 발사되었는가? 또한 대통령이 왜 살해되었는지 여전히 알려져 있지 않다. 그것과는 상관없이 케네디의 암살은 나라에 충격을 주었고 미국 역사상 가장 혼란스러운 수십 년 중의 한 시기에 발생한 또 하나의 폭력사건으로 간주될 수 있다.」

Answer ≫ 12.④ 13.① 14.③

15 다음의 글에서 빈칸에 들어갈 말로 가장 적절한 것은?

Children are much more _____ to giving something to someone else than to helping them. One can observe this difference clearly in very young children. Even though one-and-a-half-year-olds will support each other in difficult situations, they are not willing to share their own toys with others. The little ones even defend their possessions with screams and, if necessary, blows. This is the daily experience of parents troubled by constant quarreling between toddlers. There was no word I heard more frequently than "Mine!" from my daughters when they were still in diapers.

* toddler : (걸음마를 배우는) 아기

① resistant

② responsible

③ comfortable

④ disappointed

Tip 》》 possession 소유물 quarrel 다툼, 싸움
　　　① 저항하는
　　　② 책임감 있는, 책임지고 있는
　　　③ 편안한, 쾌적한
　　　④ 실망한 낙담한

「아이들은 다른 사람을 돕는 것보다는 무언가를 주는 것에 훨씬 더 <u>저항한다</u>. 우리는 아주 어린 아이들에게서 이러한 차이점을 확실히 관찰할 수 있다. 1년 6개월 된 아기들은 어려운 상황에서는 서로 도와주려 하지만, 그들 자신의 장난감은 다른 아기들과 기꺼이 공유하려 하지 않는다. 그 어린 아기들은 심지어 자신의 소유물을 소리를 지르면서 필요하면 주먹을 날리며 지킨다. 이것은 걸음마를 배우는 아기들 사이의 끊임없는 싸움으로 문제를 겪고 있는 부모들의 일상적인 경험이다. 내 딸들이 기저귀를 차고 있을 때조차 그들에게서 "내 거야!"라는 말보다 더 자주 들었던 말은 없었다.」

Answer 》》　15.①

글의 어조 · 분위기 04

(1) 글의 어조 · 분위기

글 속에 명시적이거나 암시적으로 나타나있는 여러 정황들을 종합적으로 감상하는 능력을 요구하는 문제로 글의 전체적인 분위기를 잘 드러내는 어휘들 특히 형용사와 부사에 주목하여야 하며 평소 글의 어조 · 분위기를 나타내는 단어를 잘 알아두어야 한다.

········· **유형 문제** 1

다음 글에 나타난 필자의 어조로 가장 적절한 것은?

> I say to you today, my friends, that in spite of the difficulties and frustrations of the moment I still have a dream. It is a dream deeply rooted in the American dream. I have a dream that one day this nation will rise up and live out the true meaning of its creed : "We hold these truths to be self-evident ; that all men are created equal." I have a dream that one day in the hills of Georgia the sons of former slaves and the sons of former slave-owners will be able to sit down together at the table of brotherhood.

① sad and confessional

② solemn and regretful

③ hopeful and unprejudiced

④ humorous and critical

　　풀이 마틴 루터 킹 목사의 연설로 희망적이며 어떠한 선입견도 배제된 글임을 알 수 있다.

　　「나는 오늘 고난과 좌절의 순간에도 저는 꿈을 가지고 있다고 동지 여러분들에게 말씀드립니다. 이 꿈은 아메리칸 드림에 깊이 뿌리를 내리고 있는 꿈입니다. 저에게는 꿈이 있습니다. 언젠가 이 나라가 모든 인간은 평등하게 태어났다는 것을 자명한 진실로 받아들이고, 그 진정한 의미를 신조로 살아가게 되는 날이 오리라는 꿈입니다. 언젠가는 Georgia 주의 붉은 언덕 위에 예전에 노예였던 부모의 자식과 그 노예의 주인이었던 부모의 자식들이 형제애의 식탁에 함께 둘러앉는 날이 오리라는 꿈입니다.」

　　답 ③

(2) 필자의 심경·태도

글의 어조·분위기를 감상하는 문제와 같이 글의 종합적인 이해·감상능력을 요구하는 문제로 어떤 일련의 사건들을 통해 드러나는 등장인물의 성격과 태도를 판단할 수 있으며 평소 글의 심경·태도를 나타내는 단어를 잘 알아두면 유용하다.

─────────────── 유형 문제 2

Bernice의 심경으로 가장 적절한 것은?

> When Marjorie and Bernice reached home at half past midnight, they said good night at the top of the stairs. Although they were cousins, they were not close friends. In fact, Marjorie had no female friends—she considered girls stupid. Bernice, on the other hand, had hoped that she and Marjorie would share their secrets. She had looked forward to long talks full of girlish laughter and tears. For her these were an important part of all feminine conversation. However, she found Marjorie rather cold. For Bernice it was as difficult to talk to Marjorie as it was to talk to men.

① satisfied and happy

② relieved and rested

③ terrified and panicked

④ uncomfortable and awkward

풀이 이 글은 마조리와 버니스가 불편하고 어색한 사이임을 말하고 있다.

「마조리와 버니스가 밤 12시 30분에 집에 도착했을 때, 그들은 계단 위에서 서로에게 잘 자라고 말했다. 비록 그들은 사촌지간이었지만 그들은 친한 친구가 아니었다. 실제로 마조리는 여자친구가 없었다. 그녀는 여자들이 멍청하다고 생각했다. 반면에 버니스는 그녀와 마조리가 자신들의 비밀을 공유하기를 원했다. 그녀는 여자 아이 같은 웃음과 여성스러운 대화로 가득 찬 대화를 오랫동안 하고 싶어 했다. 하지만 그녀는 마조리가 꽤 차갑다는 것을 알았다. 버니스에게 있어 마조리에게 말하는 것은 남자들에게 말하는 것만큼 어려웠다.」

─────────────── 답 ④

1 다음 글의 분위기로 가장 적절한 것은?

Mary is six years old. She loves her grandmother a lot. Whenever she comes to visit her, she meets her at the port. One day she was taken to the port to see her grandmother off. When she got on the ship, Mary began to cry. She said to her mother, "Why does Grandmother live in the ocean and not on the ground like everybody else?"

① sad

② disappointed

③ anxious

④ humorous

Tip 》 이 글은 여섯 살 Mary의 입장에서 할머니가 바다에 사는 것으로 오해한 경우이다.

「Mary는 여섯 살이다. Mary는 할머니를 매우 많이 사랑한다. 할머니가 올 때마다 Mary는 항구로 마중을 나간다. 어느 날 할머니를 배웅하러 항구에 나가게 되었다. 할머니가 배에 오르자, Mary는 울기 시작했다. Mary는 "왜 할머니는 다른 사람들과 달리 육지에 살지 않고 바다에 사는 거야"라고 엄마에게 물어보았다.」

Answer 》 1.④

2 다음 글이 주는 분위기로 가장 적절한 것은?

> The bedroom smelled of the wood it was made of. Early in the morning the pleasant smell of the wet forest entered through the screen. The walls in the camp were thin, and when I woke up, I dressed softly so as not to wake the others. I came out quietly into the sweet outdoors and started out in the boat along the shore. The lake was cool and motionless in the long shadows of the tall trees. Nothing disturbed the stillness of the lake.

① sad   ② noisy
③ peaceful   ④ humorous

> Tip 》 so as not to do ~하지 않도록 motionless 움직이지 않는, 정지한 disturb 방해하다, 훼방하다, 어지럽히다 stillness 고요함, 정적, 침묵
>
> 「침실은 나무로 만들어져서 나무 냄새가 났다. 이른 아침 축축한 숲의 상쾌한 냄새가 장막을 통해서 들어왔다. 캠프의 벽이 얇아서 내가 일어났을 때, 다른 사람들을 깨우지 않도록 살며시 옷을 입었다. 나는 조용히 향기로운 실외로 나와서 배를 타고 해변을 따라 출발했다. 호수는 큰 나무들의 긴 그늘 속에서 서늘하고 움직임이 없었다. 아무것도 그 호수의 고요함을 방해하지 않았다.」

3 다음 글의 분위기로 가장 알맞은 것은?

> The first grade class was learning the letters of the alphabet.
> "What comes after 'T'?", the teacher asked.
> One little boy replied quickly "V".

① lonely   ② boring
③ romantic   ④ humorous

> Tip 》 「일학년생들이 알파벳을 배우고 있었다. "'T'다음에 오는 글자는 무엇일까?" 선생님이 물었다. 한 작은 남학생이 재빠르게 'V'라고 대답했다.」

4 다음 글을 쓸 당시의 필자의 심경을 가장 잘 나타내는 단어는?

> I always hear people complaining about having brothers and sisters who bother them. I used to complain a lot about my sister. My sister Misty was handicapped. I had to take her everywhere I went, and include her in my activities. Sometimes I even hated her because she was handicapped and depended on me so much.
> Last May she died in the hospital. I never realized how much a part of me she really was.

① sorry
② thankful
③ angry
④ disappointed

> Tip ≫ complain 불평하다 bother 귀찮게 하다, 성가시게 하다, 괴롭히다 handicapped 심신장애의, 불구의
>
> 「나는 사람들이 형제나 자매들이 성가시게 한다고 불평하는 것을 항상 듣는다. 나도 내 누이에 대해 많이 불평하곤 했다. 나의 누이 Misty는 장애자였다. 나는 내가 가는 곳이면 어디든지 그녀를 데리고 가야만 했고, 그녀를 내 활동영역에 포함시켜야 했다. 때때로 그녀가 장애자여서 나에게 너무 많이 의지하기 때문에 그녀를 미워하기까지 했다. 지난 5월에 그녀는 병원에서 죽었다. 나는 그녀가 정말로 나의 얼마나 많은 부분을 차지하고 있었는지 결코 깨닫지 못했던 것이다.」

5 다음 글의 분위기로 알맞은 것은?

> It was a wonderful party. The hall was filled with guests. They all smiled brightly, and danced with each other to the delightful music.

① 두려움
② 쓸쓸함
③ 흥겨움
④ 비참함

> Tip ≫ hall 홀, 공간 filled with ~으로 가득 차다 guest 손님 delightful 매우 즐거운, 매우 유쾌한
>
> 「굉장한 파티였다. 홀은 손님들로 가득 찼다. 그들은 모두 밝게 웃었고, 매우 유쾌한 음악에 맞추어 함께 춤을 추었다.」

Answer ≫ 2.③ 3.④ 4.① 5.③

6 다음 글쓴이의 심정으로 알맞은 것은?

I got up late this morning, so I missed my bus and had to wait an hour for the next bus. I arrived at school late, so I missed the first class and the mathematics quiz. That was only the beginning. During the lunch break, I ate in a restaurant, but when I was paying, I found out that I had lost my wallet on the bus. What is worse, after school, I played tennis with my friend Bill, but I lost every match.

① exciting

② boring

③ upset

④ lonely

Tip ≫ ③ 하루 종일 좋지 않은 일들만 일어나서 속상하다.

「오늘 아침 나는 늦게 일어나 버스를 놓치는 바람에 다음 버스를 한 시간이나 기다려야 했다. 학교에 늦게 도착해 1교시에 들어가지 못해 수학쪽지시험을 놓쳤다. 그것은 단지 시작일 뿐이었다. 점심시간에 나는 레스토랑에서 밥을 먹는데 돈을 치르려고 할 때 버스에서 지갑을 잃어버린 것을 알게 되었다. 더 나쁜 일은 방과 후 친구인 빌과 테니스를 쳤는데, 매 경기마다 내가 졌다는 것이다.」

7 다음 글에 드러난 'I'의 심경으로 가장 적절한 것을 고르시오.

I opened the letter and started reading. I didn't even read the whole thing. I read only the beginning — where it said, 'we are pleased to inform you that you have received a scholarship that covers full tuition' — and I started jumping and running around the house. I couldn't even believe it. My dream school had offered me a full scholarship.

① regretful

② delighted

③ frightened

④ annoyed

Tip 》 scholarship 장학금 tuition 수업료

다음 글에서 '나'는 전액 장학금을 받았다는 사실에 기뻐하는 상황이므로 ② delighted가 옳다.

① 유감스러워하는, 후회하는

② 기뻐하는

③ 겁먹은, 무서워하는

④ 짜증이 난, 약이 오른

「나는 편지를 열고 읽기 시작했다. 나는 전부를 다 읽지도 않았다. 나는 "우리는 귀하께서 수업료 전액을 보장하는 장학금을 받았다는 것을 알려 드리게 되어 기쁩니다."라고 쓰여 있는 서두만 읽고 온 집 안을 뛰어다니기 시작했다. 믿을 수가 없었다. 내가 꿈꾸던 학교가 내게 전액 장학금을 주었던 것이다.」

8 다음 글에서 Tom이 마지막에 느끼는 감정으로 가장 알맞은 것은?

> My friend Tom has a lot of land outside town and likes to go out there early in the morning and come back in time for work. One day he returned to town so dirty, he had to take a quick shower. After a hasty breakfast, he ran to reach his office on time. Then, he noticed people staring. Thinking maybe he'd forgotten to comb his hair, he reached up to his head. He found he was still wearing his wife's bathing cap, which he had put on to keep his hair dry while showering.

① 자랑스럽다.

② 실망스럽다.

③ 흐뭇하다.

④ 창피하다.

Tip 》 stare 응시하다, 뚫어지게 보다   comb (머리 등을) 빗다, 빗질하다   put on (옷·모자·안경 등을) 입다, 쓰다(= wear)

「내 친구 Tom은 마을 외곽에 많은 토지를 가지고 있으며 아침 일찍 그 곳에 갔다가 근무시간에 맞춰 돌아오기를 좋아한다. 어느 날 그는 너무 지저분한 상태로 마을로 돌아왔기 때문에 빨리 샤워를 해야만 했다. 서둘러 아침식사를 한 후, 그는 정각에 사무실에 도착하기 위해 달려갔다. 그때 그는 사람들이 바라보는 것을 알아챘다. 아마도 머리 빗는 것을 잊었을 것이라고 생각하면서, 그는 머리 위로 손을 뻗었다. 그는 아내의 샤워캡을 아직도 쓰고 있다는 것을 알았는데, 샤워하는 동안 머리를 젖지 않게 하려고 썼었다.」

Answer 》 6.③ 7.② 8.④

9 다음 글에 나타난 필자의 심경으로 가장 적절한 것은?

A famous scientist, sixty years old, had been hard at work more than thirty years studying the theory of light. One day he went out of his laboratory, leaving his little dog asleep before the fire. On the table was a heap of manuscript papers, containing all the discoveries which the scientist had made during those thirty years. When his master was gone, the little dog rose up, jumped upon the table, and overthrew the lighted candle. When the master came back, he found all of his papers on fire.

① thankful
② satisfied
③ regretful
④ frustrated

Tip》》 ④ 오랜 시간 연구한 자료가 불에 타는 것을 보고 좌절했다.
    laboratory 연구실, 실험실 asleep 잠들어, 죽어서 heap 더미, 쌓아올리다 manuscript 원고 contain 담고 있다, 내포하다 overthrow 뒤엎다

「60세인 한 유명한 과학자가 30년 넘게 빛의 이론을 연구하면서 열심히 일했다. 어느 날 그는 불 앞에서 잠이 든 조그만 개를 두고 자기 연구실을 나왔다. 테이블 위에는 그 과학자가 지난 30년 동안 발견한 모든 것들을 담고 있는 원고 한 더미가 있었다. 주인이 없을 때, 그 작은 개는 일어나 테이블 위로 뛰어 올라서는 불 켜진 초를 뒤엎었다. 주인은 돌아왔을 때 자기 원고 전부가 불타고 있는 것을 발견했다.」

10 다음 글의 어조로 가장 적절한 것은?

September brings back many memories. When you wake up in the middle of night, you suddenly realize the hot summer is dying. After closing the window, you lie back down and watch the shadow of the moon dapple on the windowpane. The chirping of the crickets and distant train whistles bring back the little pieces of long-forgotten memories — the sunny afternoon you played with your childhood friends ; the Big Dipper you saw one starry night ; the long-haired girl you wrote a love letter to, and the faces of all the lovely people you once met ……. The moonlight doesn't let you go back to sleep.

① 분석적   ② 비관적
③ 감상적   ④ 사실적

> **Tip ≫** bring back 생각나게 하다, 상기시키다 dapple 얼룩지게 하다 windowpane 창유리 chirp 지저귀다 cricket 귀
> 뚜라미 whistle 휘파람, 기적(汽笛) the Big Dipper 북두칠성 starry 별이 많은 moonlight 달빛, 월광
> 「9월은 많은 기억들을 상기시킨다. 당신이 한밤중에 깨어났을 때 당신은 갑자기 뜨거운 여름이 지나가고 있다는 것을 깨닫
> 는다. 창문을 닫은 후에 당신은 다시 누워 달 그림자가 창유리에 어리는 것을 본다. 귀뚜라미 울음소리와 먼 기차의 기적
> 소리가 오랫동안 잊혀졌던 기억들의 편린들을 생각나게 한다. 어린 시절의 친구들과 함께 놀던 햇빛 환한 오후, 별밤에 본
> 북두칠성, 연애편지를 써서 보냈던 긴 머리 소녀, 그리고 당신이 만난 적이 있던 사랑하는 모든 사람들의 얼굴들……. 달
> 빛은 당신이 다시 잠들지 못하게 한다.」

Answer ≫   9.④ 10.③

CHAPTER 05 연결어 파악

연결어란 글의 흐름을 논리적으로 자연스럽게 연결 시켜주는 어구들을 말한다. 적절한 연결사를 쓰면 글의 주제나 요지 등 논리적 흐름을 쉽게 이해할 수 있지만, 연결어를 잘못 쓰면 글의 흐름이 어색해져 필자의 의도를 파악하기 힘들어진다.

(1) 예시

- for example, for instance 예를 들면

(2) 추가

- additionally 게다가, 더구나
- at the same time 동시에, 또한
- besides 게다가
- furthermore 게다가
- in addition (to) ~외에도

- indeed 실로, 사실상
- likewise 유사하게
- moreover 게다가, 더구나
- similarly 유사하게
- what(나)s more 게다가

(3) 대조

- nevertheless ~임에도 불구하고
- nonetheless ~임에도 불구하고
- even though ~라 할지라도
- but, however, still, yet 그러나
- unlike ~와 달리

- conversely 반대로
- in contrast 대조적으로
- on the contrary 반면에, 반대로
- on the other hand 반면에
- whereas 반면에, ~에 반해서

(4) 비교

- comparing, in comparison 비교해 보면
- likewise, in the same way 비슷하게
- similarly 유사하게

⑸ 사건의 순서

- first 첫째
- third 셋째
- next 다음으로
- after that 그 후에

- second 둘째
- then 그런 후에
- later 나중에
- finally 마지막으로

⑹ 결과, 결론, 요약

- after all 결국
- at last 결국
- finally 마침내
- in brief 간단히 말해
- in conclusion 결론적으로
- accordingly 따라서
- as a consequence 그 결과
- as a result 그 결과
- consequently 결과적으로
- for this reason 이런 이유 때문에
- hence 그래서

- in short 간단히 말해
- in summary 요약하자면
- on the whole 대체로
- to conclude 결론짓자면
- to sum up 요약하자면
- in consequence 따라서, 결과적으로
- thereby 그래서
- therefore 따라서
- thus 따라서
- briefly 간단히 말해

빈칸에 들어갈 적절한 연결어를 고르시오. 【1~7】

1

There are many instances in our society in which it is entirely appropriate for people to play a power role over others. _____, teachers, coaches, police, and parents all play this role.

① However
③ For example
② Otherwise
④ Nevertheless

Tip》 instance 사례 appropriate 적절한 authority 권한 wield 행사하다 extent 정도 negotiate 협상하다 abusive 남용하는 injustice 불평등

「우리 사회에서 어떤 사람들이 다른 사람들보다 힘 있는 역할을 하는 것이 전적으로 적절한 경우가 많이 있다. 예를 들어, 선생님, 감독, 경찰, 그리고 부모님은 모두 이러한 역할을 한다.」

2

Smiling costs nothing, but its effects are great. If we smile, we feel a lot better. A big smile even makes people around us feel happy. When someone smiles at you, you naturally think he or she is friendly. _____, you are sure to like those who smile often and who make others smile.

① However
③ Therefore
② Meanwhile
④ Nevertheless

Tip》 feel better 기분이 나아지다, 좋아지다 naturally 자연적으로, 자연스럽게, 당연히 friendly 호의적인, 우호적인, 다정한, 사이가 좋은 be sure to do 반드시(틀림없이) ~하다(할 것이다) however 그렇지만, 하지만, 그러나 meanwhile 그 동안, 그 사이에, 한편 therefore 그러므로, 따라서 nevertheless 그럼에도 불구하고

「미소는 비용이 전혀 들지 않지만, 그것의 효과(영향)는 크다. 만약 우리가 미소 짓는다면, 우리는 기분이 많이 좋아진다. 어떤 사람이 당신에게 미소 지을 때, 당신은 자연스럽게 그 사람이 다정하다고 생각한다. 그러므로 당신은 틀림없이 자주 미소 짓는 사람들과 다른 사람들을 미소 짓게 하는 사람들을 좋아할 것이다.」

3

There are two kinds of sports, 'amateur' and 'professional'. Amateur athletes do not receive money for competing in sports. _____, professional athletes do earn money. Some professional athletes earn a million dollars or more a year.

① Besides ② Therefore
③ For example ④ On the other hand

> **Tip 》** amateur 아마추어 professional 직업선수, 프로선수 athlete 운동가 compete 경쟁하다 earn 벌다 besides 그 밖에 therefore 그러므로 on the other hand 반면에
>
> 「스포츠에는 아마추어와 직업선수의 두 가지가 있다. 아마추어 운동가는 돈을 받지 않고 경쟁을 한다. 반면에 직업선수는 돈을 번다. 어떤 직업선수는 1년에 1만 달러 또는 그 이상을 번다.」

4

Some people give up the moment an obstacle is placed in front of them. Some people doggedly continue to pursue a goal even after years of frustration and failure. What is the difference between these two people? Those who feel they are not responsible for choosing their goals and pursing them tend to believe that results are arbitrary. To them, it does not matter how hard you try or how talented you are. Being successful is all a matter of luck. Those who persevere, _____, recognize that they are ultimately responsible not just for pursuing their goals, but for setting them. To them, what you do matters, and giving up for no reasons does not seem very attractive.

① however ② moreover
③ likewise ④ therefore

> **Tip 》** obstacle 장애물 doggedly 고집스럽게 frustration 좌절 persevere 인내하다 ultimately 궁극적으로 arbitrary 임의적인
>
> 「몇몇 사람들은 자신의 앞에 장애물이 놓이는 순간 포기한다. 몇몇 사람들은 심지어 좌절과 실패의 세월이 지나도 고집스럽게 계속 목표를 추구해 나간다. 이러한 두 종류의 사람들 사이의 차이점은 무엇인가? 목표를 선택하고 추구하는 데 있어서 책임감을 느끼지 않는 사람들은 결과가 임의적이라고 믿는 경향이 있다. 그들에게는 당신이 얼마나 노력하는지, 얼마나 재능이 있는지는 중요하지 않다. 성공한다는 것은 전부 운에 달린 문제이다. 그러나 인내심 있는 사람들은 자신들이 궁극적으로 목표를 추구하는 것뿐 아니라 목표를 설정하는 것에도 책임이 있다는 것을 알고 있다. 그들에게는 당신이 하는 것이 중요한 것이고 이유 없이 포기하는 것은 좋아 보이지 않는다.」

Answer 》 1.③ 2.③ 3.④ 4.①

5

In general, left-brained subjects focus on logical thinking and analysis. _____ right-brained subjects focus on artistic thinking, feeling, and creativity.

① Because

② Therefore

③ On the other hand

④ For example

Tip 》》 on the other hand 반면에

「일반적으로, 좌뇌는 이성적인 생각과 분석에 집중한다. <u>반면에</u> 우뇌는 예술적인 생각, 감성, 그리고 창의력에 집중한다.」

6

Art reflects the changes in society that take place when different cultures influence one another. _____, when most Bambara people turned to Islam, they gave up their ceremonies to make the crops grow ; their new religion taught them that their headdresses were unholy, so they stopped using them. Now Bambara artists make these headdresses only for foreign tourists ; the headdresses have no function.

① In addition

② As a result

③ In contrast

④ For example

Tip 》》 reflect 반사하다, 반영하다, 나타내다 take place 일어나다, 발생하다, 개최하다 one another 서로 turn (to) ~으로 변(화)하다, 개종하다, 전향하다 give up 포기하다, 단념하다, 그만두다 ceremony 의식, 예식 headdress 머리장식 unholy 신성하지 않은 in addition (to) ~에 더하여, 게다가 as a result (of) ~의 결과로서 in contrast (with) ~와 대조하여 for example 예를 들면

「예술은 다른 문화가 서로 영향을 줄 때 발생하는 사회의 변화를 반영한다. <u>예를 들어</u>, 대부분의 Bambara 사람들이 이슬람교로 개종했을 때, 그들은 곡물을 자라게 하는 의식을 그만두었다. 그들의 새로운 종교는 머리장식이 신성하지 않다고 가르쳤다. 그래서 그들은 그것들을 사용하지 않았다. 이제 Bambara 예술가들은 외국인 관광객들을 위해서만 머리장식을 만든다. 머리장식은 어떠한 기능도 없다.」

7

Take a look around and find five things that have blue in them. With "blue" in mind, you'll find that "blue" jumps out at you : a blue book on the table, blue in the painting on the wall, and so on. _____, you've probably, noticed that after you buy a new car, you promptly see the same kind of car everywhere. That's because people find what they are looking for. If you're looking for examples of man's good works, you'll find them. It's all a matter of setting your mental channel.

① In contrast
② Similarly
③ Nonetheless
④ Otherwise

> **Tip** ≫ and so on ~등등, ~따위, 기타 promptly 재빨리, 즉시 look for ~을 찾다, 구하다 mental 정신의, 마음의 in contrast 대조적으로 similarly 유사하게, 비슷하게, 마찬가지로 nonetheless 그럼에도 불구하고 otherwise 그렇지 않다면
>
> 「주위를 돌아보라. 그리고 푸른색을 갖고 있는 다섯 가지를 찾아라. 마음을 '푸른색에 고정시키면 당신은 '푸른색이 당신에게로 달려드는 것을 발견할 것이다. 책상 위에 있는 푸른색 책, 벽에 걸린 그림 안의 푸른색 등을 발견할 것이다. <u>마찬가지로,</u> 당신은 아마도 새 차를 산 후에 같은 차종을 어디에서나 즉시 본다는 것을 알아차린다. 그것은 사람들이 그들이 찾고 있는 것을 발견하기 때문이다. 당신이 인간의 훌륭한 행위의 예를 찾는다면 그것을 발견하게 될 것이다. 그것은 당신의 마음의 채널을 고정시키는 문제이다.」

8   다음 글의 밑줄 친 곳에 들어갈 가장 알맞은 것은?

Letters used to be the usual way for people to send messages. Today many people use e-mail instead. E-mail saves time. People can keep their e-mail messages on their computers to read again. It helps them remember what they wrote. (a)_____, there are still times when a letter is much better. There's something exciting about getting a letter in the mail. It makes you feel special. It means that someone took the time to pick out a card just for you. (b)___, it's always fun to see what's inside, and handwriting is more personal than typing. Getting your letter is going to make someone smile.

	(a)	(b)
①	Therefore	Indeed
②	In short	In other words
③	Despite	For instance
④	However	Besides

Tip 》 handwriting 손 글씨
① 그러므로, 정말로
② 간단히 말해서, 다시 말해서
③ ~에도 불구하고, 예를 들어
④ 하지만, 게다가

「편지는 사람들이 메시지를 보낼 때 쓰는 보통의 방법이었다. 그 대신, 오늘날에는 많은 사람들이 이메일을 쓴다. 이메일은 시간을 절약해 준다. 다시 읽어 보기 위해 이메일을 자신의 컴퓨터에 보관해 둘 수 있다. 이것은 자신이 쓴 것을 기억하도록 도와준다. <u>하지만</u> 편지가 훨씬 좋을 때가 있다. 우편물로 편지를 받는 것에는 무언가 즐거운 것이 있다. 이것은 당신을 특별하게 느끼도록 한다. 이것은 누군가가 당신만을 위해 카드를 골랐다는 것을 의미한다. <u>게다가</u> 안에 무엇이 들어 있는지 보는 것은 언제나 즐거운 일이며, 손 글씨는 타자로 친 것보다 좀 더 인간적이다. 당신의 편지를 받는 것은 누군가를 미소 짓게 만들 것이다.」

9 다음 글의 빈칸 (A)와 (B)에 들어갈 단어로 가장 적절한 것은?

> Lots of people do love science fiction movies. In part, it is all the future technology that is so exciting about these films. The film Minority Report contains many such technologies. ___(A)___, Tom Cruise is able to control a computer by waving his arms and hands. The movie also features newspapers with moving pictures. Although these technologies seem far off and unbelievable, scientists have worked hard to bring the dream a lot closer to us. For instance, their success is applied in modern video games. People can play tennis, baseball, and even golf at home. ___(B)___, scientists are working on e-paper. E-paper is a thin material that can display video. It contains tiny, colored beads that respond to electricity. With just a small shock, these beads move around and create a picture. Soon, we will be able to watch a newspaper, not just read it.

	(A)	(B)
①	For example	Furthermore
②	However	In addition
③	In short	Conversely
④	In general	Therefore

Tip ≫ contain 포함하다 feature 특별히 포함하다, 특징으로 삼다 apply 적용하다 bead 구슬
① 예를 들어 / 뿐만 아니라
② 그러나 / 게다가
③ 요컨대 / 정반대로
④ 대개, 보통 / 그러므로

「많은 사람들이 공상과학 영화를 아주 좋아한다. 이 영화들에 대해 매우 흥미진진한 것은, 어느 정도는, 그것이 모두 미래 기술이라는 것이다. 영화 마이너리티 리포트에는 그러한 기술들이 많이 포함되어 있다. 예를 들어, 톰 크루즈는 그의 팔과 손을 흔들어 컴퓨터를 조종할 수 있다. 이 영화에는 또한 움직이는 사진이 실린 신문도 등장한다. 비록 이러한 기술들이 멀리 떨어져 있고 믿을 수 없을 것 같지만, 과학자들은 그 꿈을 우리에게 훨씬 더 가깝게 하기 위해 열심히 노력해왔다. 예를 들어, 그들의 성공은 현대 비디오 게임에 적용된다. 사람들은 집에서 테니스, 야구, 심지어 골프를 칠 수 있다. 뿐만 아니라, 과학자들은 전자종이를 연구하고 있다. 전자종이는 영상을 나타낼 수 있는 얇은 소재다. 그것은 전기에 반응하는 작고 색깔이 있는 구슬을 포함하고 있다. 작은 충격만으로 이 구슬들은 이리저리 움직여 그림을 만들어낸다. 곧, 우리는 신문을 읽을 수 있을 뿐 아니라 볼 수 있게 될 것이다.」

10 다음 글의 빈칸 (A)와 (B)에 들어갈 단어로 가장 적절한 것은?

At one time, all small retail businesses, such as restaurants, shoe stores, and grocery stores, were owned by individuals. They often gave the stores their own names such as Lucy's Coffee Shop. For some people, owning a business fulfilled a lifelong dream of independent ownership. For others, it continued a family business that dated back several generations. These businesses used to line the streets of cities and small towns everywhere. Today, ___(A)___, the small independent shops in some countries are almost all gone, and big chain stores have moved in to replace them. Most small independent businesses couldn't compete with the giant chains and eventually failed. ___(B)___, many owners didn't abandon retail sales altogether. They became small business owners once again through franchises.

	(A)	(B)
①	in contrast	However
②	in addition	Furthermore
③	in contrast	Therefore
④	in addition	Nevertheless

Tip » retail business 소매 업체 fulfill 성취하다 line 일렬로 늘여 세우다 eventually 결국 abandon 포기하다
① 대조적으로 / 그러나
② 게다가 / 뿐만 아니라
③ 대조적으로 / 그러므로
④ 게다가 / 그럼에도 불구하고

「한때 식당, 신발 가게, 식료품점과 같은 모든 소규모 소매 업체는 개인 소유였다. 그들은 종종 가게들에 루시의 커피숍과 같은 그들만의 이름을 지어주었다. 어떤 사람들은 창업으로 독립적인 소유에 대한 평생의 꿈을 성취하기도 했다. 다른 사람들은 몇 세대 전으로 거슬러 올라가는 가족 사업을 계속했다. 이 사업체들은 도시와 작은 마을들의 거리를 일렬로 늘여 세우곤 했다. 이와는 <u>대조적으로</u> 오늘날 일부 국가의 작은 독립 상점들은 거의 모두 사라졌고, 대형 체인점들은 그것들을 대체하기 위해 이사했다. 대부분의 소규모 독립기업들은 거대 체인점들과 경쟁할 수 없었고 결국 실패했다. <u>하지만</u> 많은 소유주들이 소매 판매를 완전히 포기하지는 않았다. 그들은 프랜차이즈를 통해 다시 한 번 소상공인이 되었다.」

Answer 》 10.①

수험서 전문출판사 서원각

목표를 위해 나아가는 수험생 여러분을 성심껏 돕기 위해서 서원각에서는 최고의 수험서 개발에 심혈을 기울이고 있습니다. 희망찬 미래를 위해서 노력하는 모든 수험생 여러분을 응원합니다.

| 공무원 대비서 | 취업 대비서 | 군 관련 시리즈 | 자격증 시리즈 | 동영상 강의 |

수험서 BEST SELLER

공무원

9급 공무원 파워특강 시리즈
국어, 영어, 한국사, 행정법총론, 행정학개론,
교육학개론, 사회복지학개론, 국제법개론

5, 6개년 기출문제
영어, 한국사, 행정법총론, 행정학개론, 회계학,
교육학개론, 사회복지학개론, 사회, 수학, 과학

10개년 기출문제
국어, 영어, 한국사, 행정법총론, 행정학개론,
교육학개론, 사회복지학개론, 사회

소방공무원
필수과목, 소방학개론, 소방관계법규,
인·적성검사, 생활영어 등

자격증

사회조사분석사 2급 1차 필기

생활정보탐정사

청소년상담사 3급(자격증 한 번에 따기)

임상심리사 2급 기출문제

NCS기본서

공공기관 통합채용